Collection

 Branchez-vous sur le 36 15 MARABOUT

♦ **Consultez le CATALOGUE** pour trouver tous les livres Marabout qui vous intéressent et leur point de vente le plus proche de chez vous.

♦ **Unique !** : en **INFORMATIQUE**, un service de **téléchargement** ultra-rapide, 24h/24, des meilleurs logiciels du domaine public *(jeux, graphismes, tableurs, utilitaires, programmes musicaux, traitements de textes...)* pour PC®, Macintosh®, Atari®, Unix®; et la possibilité de télécharger des démonstrations de logiciels des plus grands éditeurs !

♦ **Gagnez des milliers de livres** en jouant avec 36 15 Marabout.

♦ Profitez des **petites annonces** et des très nombreux services originaux de Marabout !

Afin de vous informer de toutes ses publications, **marabout** édite des catalogues régulièrement mis à jour. Vous pouvez les obtenir gracieusement auprès de votre libraire habituel.

Du même auteur chez Marabout

— *L'Analyse Transactionnelle* (MS 35).
— *Oser être soi-même* (MS 2002).

© 1992, **Marabout**, Alleur (Belgique).

Toute reproduction d'un extrait quelconque de ce livre par quelque procédé que ce soit, et notamment par photocopie ou microfilm, est interdite sans autorisation écrite de l'éditeur.

René de LASSUS

La communication efficace par la PNL

A Françoise

Remerciements

A de grands spécialistes de la PNL avec qui j'ai eu le plaisir de travailler :

- Gene Early
- John Grinder
- Anné Linden
- Alain Moenaert
- Frank Stass

et une mention toute particulière à Olivier Thouvenin, ingénieur électronicien dont l'immense talent a permis d'illustrer des détails difficiles à rendre sous la forme dessinée,

ainsi qu'à Marcel Delcroix, praticien de médecine initiatique chinoise.

> « *La communication est un pouvoir.*
> *Ceux qui en maîtrisent l'emploi peuvent modifier*
> *la notion qu'ils ont du monde*
> *et la notion que le monde a d'eux.* »
> Anthony Robbins

Présentation de l'ouvrage

Au début des années 70, deux scientifiques décident de relever l'un des plus audacieux défis du siècle dans le domaine de la communication : édifier des « modèles » performants (c'est-à-dire des « modes d'emploi-qui-marchent ») dans le domaine de la relation d'influence, afin de proposer à tous les professionnels de la communication de disposer de véritables **techniques** dans un secteur où, traditionnellement, chacun devrait apprendre à se « débrouiller sur le tas ».

Ce qu'ils ont créé se regroupe sous le nom de *Programmation-Neuro-Linguistique* (j'expliquerai plus loin l'origine de cette appellation qui peut paraître compliquée).

Cette méthode est véritablement **révolutionnaire**. Et j'ose employer ce mot frelaté parce que je pense qu'il est, pour une fois, parfaitement approprié.

La PNL intéresse de plus en plus de monde. Que ce soit pour ses **Techniques d'Influence** (objet de cet ouvrage) ou pour ses modèles inouïs concernant **l'efficacité personnelle.**

De façon à ce que tous ceux qu'intéresse la pratique de ces Techniques d'Influence (animateurs, conférenciers, vendeurs, partenaires de couple ou familiaux) puissent en tirer le meilleur profit, je présente la deuxième partie de cet ouvrage sous la forme d'un **plan d'auto-formation.**

Pour cela, il m'a semblé indispensable de vous présenter le cheminement suivi par les géniaux concepteurs de la PNL.

C'est pourquoi je vous propose le **Plan d'ouvrage** suivant :

PARTIE 1
La PNL, deux ou trois choses que je sais d'elle

- **Une Introduction** — pour savoir de quoi on parle et pour accorder nos violons — notre vocabulaire. Et aussi pour nous rappeler que, dans la très grande majorité des communications humaines, il est question d'*influence*.

- Un 1er chapitre nous apprend qu'il existe des *Super-Communicateurs* — des gens qui communiquent « avec magie » — et que les fondateurs de la PNL ont appris, à leur contact, des choses stupéfiantes.

- Les chapitres 2 et 3 sont consacrés à l'observation de ce que font vraiment ces « Super-Communicateurs ».

- Les chapitres suivants concernent les apports multiples auxquels les fondateurs de la PNL se sont référés : psychologie, neurologie, linguistique, sémantique générale.

- Suit un chapitre pour expliquer un concept central en PNL : celui de **stratégie.**

- Un 12e chapitre termine la première partie par un ensemble de recommandations concernant les questions de santé et de nourriture, indissociablement mêlées à la réussite de tous nos actes.

PARTIE 2

C'est la deuxième partie de l'ouvrage qui est consacrée à un **PLAN D'AUTO-FORMATION PROGRESSIF aux techniques d'influence de la PNL.**

PARTIE 3

La 3ᵉ partie consiste en une **BOÎTE À OUTILS** présentant une série de réflexions, d'informations et de stratégies d'excellence personnelle.

Avertissement

● **Ce livre s'adresse à tous ceux:**
— qui s'intéressent au développement des écoles récentes de psychologie;
— qui s'intéressent au mouvement des idées de pointe en matière de comportement et de fonctionnement du cerveau humain;
— qui souhaitent acquérir les bases de ce qui sera probablement la première «technologie» de communication au début du XXIe siècle;
— qui souhaitent acquérir des outils pertinents pour la communication d'influence.

● **Il n'est pas destiné** — parce que non exhaustif — aux personnes qui souhaitent devenir des «praticiens professionnels» en PNL.

● **Abréviations**
Une table des abréviations est proposée page 12, la Programmation Neuro-Linguistique utilisant un certain nombre de termes dont la répétition, cités in extenso, s'avérerait fastidieuse.

● **Remarques sur certains termes de vocabulaire**
Il est, en français, des mots que le commun des mortels croit réservés à certains «élus». J'entends — tout

comme les partisans de la PNL — les utiliser dans leur sens premier.

Exemples
— RESSOURCE : *moyen dont on dispose, possibilité d'action.*

Et non pas uniquement *éléments de richesses personnelles ou d'une nation.*
— NÉGOCIATION : *ensemble des discussions entre personnes en vue d'aboutir à un accord.*

Et non pas uniquement *entre partenaires sociaux, politiques.*
— OBJECTIF : *but que quelqu'un veut atteindre.*

Et non pas OBJECTIF comme notion réservée *aux militaires, aux organisations, aux dirigeants d'entreprise.*
— STRATÉGIE : *action de coordination pour atteindre un objectif.*

Et non pas réservée *aux domaines militaire, politique ou organisationnel.*

PREMIÈRE PARTIE

LA PNL
DEUX OU TROIS CHOSES QUE JE SAIS D'ELLE

> *« Un swami se promène avec ses trois disciples*
> *dans les jardins d'un ashram.*
> *Voyant une limace qui dévore une salade,*
> *le premier disciple l'écrase du pied.*
> *Le deuxième dit alors :*
> *— Maître, n'est-ce pas un péché*
> *que d'écraser cette créature ?*
> *Le Maître lui répond :*
> *— Tu as raison, mon fils.*
> *— Mais il mangeait notre nourriture,*
> *n'ai-je pas bien fait ?*
> *Le Maître lui répond :*
> *— Tu as raison, mon fils.*
> *Le troisième dit alors :*
> *Ils disent tous deux des choses contradictoires,*
> *ils ne peuvent avoir tous les deux raison ?*
> *Et le Maître lui répond :*
> *— Tu as raison, mon fils. »*

Rapporté par Julos Beaucarne,
chanteur et poète wallon

TABLE DES ABRÉVIATIONS

PNL	Programmation Neuro-Linguistique *(Neuro-Linguistic Programming)*
CdM	Carte du Monde *(Map of the World)*
EdR	Etat de Ressource
B&G	Bandler (Richard) et Grinder (John), les deux fondateurs de la PNL
Super-C°	Super-communicateurs
Ve	Visuel externe
Vr	Visuel remémoré
Vc	Visuel construit
Ae	Auditif externe
Ar	Auditif remémoré
Ac	Auditif construit
Ai/d	Dialogue interne
Ke	Kinesthésique externe
Ki	Kinesthésique interne
G	Gustatif
O	Olfactif
VAKO	Ensemble des systèmes de représentation visuel, auditif, kinesthésique, gustatif, olfactif

INTRODUCTION
ÊTRE OU NE PAS ÊTRE EN RELATION

Jean aime bien les voitures françaises. Il possède actuellement une Y 3000 et voudrait bien changer de marque de voiture. Comme il est quelque peu chauvin, il se montre sensible (en ces années 90) aux arguments favorables à l'« achat français », et décide de rendre visite à une agence représentant la marque française X.

Le jour de sa visite, il tombe sur Renaud, vendeur automobile qui l'accueille poliment :

Renaud — *Bonjour Monsieur. Monsieur est intéressé par nos nouveaux modèles ?*
Jean — *Je viens voir...*
Renaud — *Que Monsieur fasse à son aise. Je suis à sa disposition.*
  Bonne entrée en matière.

Renaud pose alors la question :
— *Monsieur, êtes-vous déjà possesseur d'une X ?*
Jean — *Non, je roule actuellement en Y 3000.*
Renaud — *C'est une excellente voiture... Et vous en êtes content ?*

Jean énumère alors les avantages et inconvénients de la Y 3000.

Parmi ces derniers, il est une chose qui dérange beaucoup Jean :
— *Avez-vous remarqué combien de voitures françaises présentent une fragilité en ce qui concerne les caoutchoucs de fixation des vitres ?*
Renaud — *Ce n'est pas grave, Monsieur... ? dit-il, en insistant sur la fin de sa phrase pour inciter Jean à décliner son identité. (Renaud a participé, il y a trois mois à peine, à un stage de formation pour vendeurs organisé par la firme X où l'animateur a surtout développé la Méthode* SON CAS* *et il essaie, avec une attention soutenue, d'en appliquer les principes, c'est-à-dire de s'intéresser à son client.)*
Et pour Renaud, c'est ça, s'intéresser à son client, c'est lui poser les questions que lui — Renaud — et ses collègues de stage ont établies comme étant LES *bonnes questions qu'un vendeur automobile pose à un client.*

Il poursuit sur sa lancée :
— *Ce n'est pas grave, Monsieur Deschamps (en insistant sur le nom de son client, convaincu d'avoir « marqué un point » important), est-ce que vous avez déjà entendu le nouveau moteur de la X 3100 ? Un vrai silencieux ! (dit-il, fier d'avoir « décodé » que Jean Deschamps ne devait pas être insensible à cet argument écologique). Recevant alors un acquiescement, il invite M. Deschamps à « l'essai traditionnel » — lequel impressionne sérieusement Jean.*

Deux semaines plus tard, Jean téléphone à Renaud pour lui signaler qu'il a finalement acheté une J4000 — voiture japonaise.

---

* La Méthode SON CAS, n'ayant pas d'inventeur, me paraît digne de figurer au Musée des Tentatives erronées, en matière de formation à la vente.

Renaud passe une mauvaise soirée à râler sur les « clients difficiles et impossibles à comprendre ».

*

Martin dirige le Service d'Accueil d'une grande entreprise. Brigitte y travaille depuis plusieurs mois. Elle a tendance à souffrir de migraines.
  « Des histoires de bonnes femmes » avait conclu dans son esprit Martin, la dernière fois qu'il avait reçu un certificat médical relatif à une absence de deux jours de Brigitte.

La firme Z organise, à l'occasion du week-end de la Toussaint, une journée « Portes ouvertes » où les membres du Service d'Accueil seront beaucoup sollicités.
  Le matin du samedi 31 octobre, Brigitte téléphone à Martin, pour signaler que, par suite de migraine, elle ne pourra pas travailler ce week-end.
  Furieux, Martin lui déclare que « dans ces conditions », elle ne doit plus se présenter au bureau !
  Trois jours plus tard, Martin regrette son geste, d'autant plus qu'il lui faudra maintenant trouver une nouvelle employée.

Les communications qu'on rate

Voilà deux exemples de communications ratées, qui laissent leurs protagonistes bien malheureux.

Il serait facile de citer des centaines de cas de « ratages » dans la communication.

C'est aujourd'hui un sujet « tarte-à-la-crème » dans de nombreuses situations de la vie professionnelle, comme dans la vie sociale, familiale, comme dans les couples.

« Les gens ne savent pas communiquer ! » est l'un des diagnostics les plus répandus en Occident, en cette fin de XXe siècle.

Ce n'est pas tout à fait exact.

Qu'est-ce qu'il en a fallu, de bonnes communications, pour aboutir au niveau de bien-être dont jouissent une très grande partie des habitants de l'hémisphère Nord de notre planète !

« Mais il y a encore trop de difficultés de compréhension entre beaucoup de nos concitoyens planétaires », entend-on répliquer.

C'est bien vrai !

Seulement, il faut bien reconnaître — en nous référant à A. Maslow — que l'on peut considérer comme l'expression d'un progrès (presque) jamais atteint dans l'histoire de l'humanité le fait que l'on s'intéresse aujourd'hui autant aux problèmes de communication entre personnes.

Abraham Maslow est ce psychologue américain devenu célèbre par sa « hiérarchie des besoins humains » — selon laquelle les êtres humains éprouvent d'abord la nécessité de satisfaire des besoins de survie et de sécurité, avant d'accéder à l'émergence de besoins psychologiques.

Et les besoins de mieux réussir leurs communications relèvent bien des besoins psychologiques, n'est-ce pas ?

Ce n'est donc que depuis le début du XXe siècle que des humains se sont penchés sur le délicat problème de la communication humaine.

Et il a fallu un « certain temps » pour constater :
— que la communication connaissait surtout **un** mode d'apprentissage, ce qu'on appelle encore toujours « l'apprentissage sur le tas » ;
— qu'il est désormais possible d'*organiser* un apprentissage de qualité en cette matière délicate.

Cet ouvrage vise à participer au mouvement de perfectionnement des communications humaines, lequel a seulement pris son véritable essor après la Seconde Guerre mondiale.

Mais revenons à ces communications que l'on rate — et plus précisément à celles qui ont servi d'exemples au début de l'introduction de cet ouvrage.

Que s'est-il passé?
   Dans le cas du vendeur Renaud, comme de celui du chef de service Martin, on peut donner un diagnostic «large», tout d'abord. Et dire qu'il y a eu communication, mais pas **relation**.

- Quand vous avez affaire à l'«horloge parlante» ou à une «notice technique», il y a **communication**.

Et ces communications sont généralement satisfaisantes, leurs objectifs étant d'obtenir des informations précises, telles que connaître l'heure exacte ou l'utilisation d'un appareil.
   Il y avait bien un **contact**, une **transmission de messages** :
— entre Jean et Renaud, dont l'objectif «technique» pourrait avoir été la «vente» d'une automobile et «l'achat»;
— entre Martin et Brigitte, dont l'objectif «technique» aurait pu être «la transmission et l'accusé de réception d'une information sur un état de santé».

Or, d'une manière ou d'une autre, vous ressentez, quelque part en vous-mêmes, que ces communications-là n'étaient pas réussies.
   La raison majeure en est que :

> **En Occident, dans de très nombreux domaines de la vie, il faut aujourd'hui qu'une communication soit aussi une RELATION, pour pouvoir être considérée comme réussie.**

Ou comme heureuse, satisfaisante, agréable.

Je ne dis pas efficace, parce que les communications « techniques » — comme celles citées en exemple ci-dessus — méritent ce qualificatif.

Eh oui, c'est peut-être en considérant une vie de couple qu'il est le plus facile de saisir ce qui manque à une communication, si celle-ci ne contient pas de **relation**.

> *Bonjour. C'est toi, Georges ? Ton déjeuner se trouve sur la table de la salle à manger. A quelle heure repars-tu au travail ?*
> *— Oui, c'est bien moi, Monique... Vers 13 h 45. »*

Pas besoin d'être expert en psychologie pour « ressentir » qu'« il y a de l'eau dans le gaz » comme dit Nougaro, que le « ménage tient sur une fesse », comme dit Julos Beaucarne.

Je dirai donc que :

Il y a RELATION dans une COMMUNICATION entre humains quand cette RENCONTRE suscite une réaction ÉMOTIONNELLE — ou tient compte des réalités émotionnelles (ou des sentiments) d'au moins un protagoniste de la communication.

Voilà. Il fallait cette « définition » (presque trop technique...) pour se mettre d'accord sur une NUANCE FONDAMENTALE vis-à-vis de l'objectif de cet ouvrage.

Appliquée aux deux exemples cités ci-dessus, vous aurez compris que Renaud était trop « occupé » par « ce qui se passait dans sa tête », à savoir se montrer intéressé par son client (selon *sa* conception de ce que veut dire : s'intéresser à son client) que pour oser négliger — en le contrant (« Ce n'est pas grave... Mais écoutez ce moteur... »), *ce qui compte* pour Jean (les caoutchoucs de fixation des verres).

Je gage que si Renaud lit ceci — parce qu'il existe et que l'histoire décrite est *vraie* (comme celle de Martin), il risque de « repartir » avec « ce qui se trouve dans sa tête » (à savoir, une discussion considérant que les caoutchoucs de fixation des verres d'une voiture, ça n'est pas primordial!).

Or, il se fait que c'est primordial pour Jean, il me l'a raconté. Il a vraiment « rejeté » les propositions de Renaud, parce que, pour lui, la question des caoutchoucs est primordiale. Quand il m'a raconté cela, Jean a même ajouté : « Le silence des moteurs ? Aujourd'hui, toutes les voitures de ces cylindrées sont peu bruyantes ».

Conséquence ? Vente ratée. Mauvaise humeur, mauvaise journée. Et voilà une communication qui n'a pas rendu « heureux » ceux qui communiquaient.

Le caractère de non-considération pour les sentiments de Brigitte est tellement évident qu'il ne me paraît pas nécessaire de poursuivre la démonstration.

ATTENTION ! NE NOUS TROMPONS PAS !

Prendre en considération les émotions, les sentiments ne signifie pas obligatoirement qu'il faut AIMER les gens avec qui nous communiquons !

C'est une confusion présente chez pas mal de nos contemporains : « Les personnes dont je tiens compte des émotions (ou des sentiments) sont des proches : des membres de ma famille, des amis, des voisins, des collègues. Ce n'est déjà pas si mal, n'est-ce pas ? »

Voilà ce que pensent beaucoup de gens.
Voilà ce qui fatigue beaucoup de personnel soignant (soi-niant, comme dit avec pertinence Jacques Salomé).

Or, si nous voulons que l'humanité continue à progresser, il est urgent (et j'espère que cet ouvrage vous y aidera !) d'apprendre à prendre en considération les réalités émotionnelles de ceux que vous rencontrez — **sans vous impliquer** personnellement.

Heureusement que les chirurgiens qui m'ont opéré ont été capables de ne pas se «laisser envahir» par les sentiments de peur de la mort qui habitaient mes proches.

Je suis là, maintenant, pour écrire cela.

Heureusement que les employés de pompes funèbres ne se «laissent pas gagner» par les émotions de tristesse de ceux qui les abordent, il n'y aurait bientôt plus personne pour enterrer les morts!

> **Pour réussir ses communications, il est impératif d'apprendre à les traiter comme des «relations», c'est-à-dire en prenant en considération les réalités émotionnelles et affectives de ses interlocuteurs.**

Et ce, même dans les affaires!

Essayez d'interroger un homme d'affaires en gagnant ses confidences.

Les «vrais», ceux qui brassent d'importantes affaires, me donnent raison. Beaucoup d'entre eux déplorent qu'il existe un «jeu» (d'autres disent plus péjorativement un «cinéma à faire») consistant à feindre ne rien ressentir, alors que ça «bouillonne» intensément à l'intérieur, dans ce monde-là. Comme dans le monde politique!

> **— ATTENTION! DEUXIÈME PRÉJUGÉ DANGEREUX! —**
>
> **Prendre en considération les émotions, les sentiments ne signifie pas obligatoirement les exprimer spontanément!**

Il peut être plus adéquat — comte tenu des «règles de vie en société» — de **différer** l'expression spontanée et complète de «ce qui compte» ou «ce qui se passe».

Autre chose est d'en tenir compte.

Si Martin avait pris en compte «ce qui comptait» pour Brigitte, il aurait pu «maintenir le lien» professionnel qui les réunissait, et aurait pu proposer à Brigitte d'en reparler la semaine suivante, quitte à lui faire un sérieux avertissement.

On est souvent dans une relation d'influence

Que Renaud se trouve dans une relation où il cherche à influencer l'autre — Jean Deschamps —, voilà qui est évident pour chacun.

Que Brigitte se trouve, elle aussi, dans une *relation d'influence,* est tout aussi évident.
 Elle voudrait obtenir de son chef Martin qu'il prenne ses migraines en considération, plutôt qu'il ne réagisse en pensant que « tout ça, ce sont des histoires de bonnes femmes ».
 Quant à Martin, il aurait sans doute préféré arriver à influencer Brigitte.
 Qui sait? Peut-être serait-il parvenu à la convaincre de prendre quelque médicament et de s'engager à faire la semaine suivante un examen médical sérieux?
 Ou encore aurait-il pu l'inviter à changer d'avis — à venir travailler tout de même — en « négociant » avec elle quelques « arrêts » pour se reposer?

Il y a finalement peu de situations humaines où une des personnes en présence ne se trouve, en fait, dans une relation dans laquelle elle souhaite exercer une influence sur l'autre. Je pourrais citer ici toute une série d'exemples, allant de la relation amoureuse à la relation commerciale, en passant par des scènes de la vie quotidienne — comme se trouver dans une file d'attente ou essayer d'obtenir un rendez-vous chez un dentiste. Plutôt que de remplir du papier pour vous en convaincre, je vous invite à y réfléchir, à partir d'une « situation minimale » — c'est-à-dire à partir de la situation où l'intention d'influencer l'autre n'est pas tout à fait « évidente » :

— deux personnes dans une même pièce;
— supposons que vous soyez l'une de ces deux personnes;
— supposons aussi que vous ne souhaitiez pas que l'autre s'en aille, quitte la pièce.
Ça y est!

Même si votre envie d'exercer une influence sur l'autre ne porte que sur cette « petite chose-là » (vouloir que l'autre reste dans la même pièce), vous êtes bien d'accord que vous allez agir, « faire des choses » pour tenter d'influencer l'autre : toutes sortes d'agissements sont possibles, tout comme le lui demander carrément : « Je te demande de rester dans cette pièce ».

Comme notre éducation nous désapprend, à partir de huit ans, à ne plus émettre nos « vraies demandes » de façon aussi spontanée, je gage que c'est davantage au travers de toute une série de gestes, de murmures, d'attitudes que vous allez tenter de réussir cette *relation d'influence.*

Et, comme le propos de la Programmation Neuro-Linguistique (j'abrégerai désormais avec l'abréviation d'usage PNL), c'est, entre autres, de nous fournir toute une série d'indications précieuses sur la réussite des relations d'influence, je vous propose d'entrer maintenant dans le vif du sujet.

IL EXISTE DES SUPER-COMMUNICATEURS

« C'est prodigieux ! »
« C'est fantastique ! »

disaient les commentateurs, lorsqu'ils avaient l'occasion d'assister à des « interventions » — en direct ou sur vidéo — menées par ce qu'on appelait, au cours des années 70, des « super-thérapeutes ».

Même la presse non spécialisée s'y mettait : « *Soignant ses patients qui le consultent aussi bien pour une phobie de l'avion que pour des questions de frigidité, le docteur Erickson réalise de véritables miracles.* »

Ces éloges étaient adressés à des spécialistes de l'aide psychologique tels que Fritz Perls, Virginia Satir, Bob et Mary Goulding, ou encore Salvador Minuchin.

Eloges émis tout autant par les médias que par leurs confrères psychothérapeutes.

Mais même lorsque ces derniers étaient interrogés sur le « comment faire » de ces « champions de l'intervention », on n'obtenait que les réponses de l'homme de la rue :

« Ce sont des super-doués de l'intervention, voilà tout ! »

« Ils ont un sixième sens. »

« Ce sont de véritables magiciens. »
Quand ce n'était pas le classique :
« Y'a un truc ! »

Et, comble d'ironie, ces « super-thérapeutes eux-mêmes — la plupart du temps — n'étaient pas toujours très doués, pour expliquer avec précision, d'une manière *spécifique,* ce qui constituait l'essentiel de leur don, de leurs pouvoirs.

Bien que certains d'entre eux aient publié des articles scientifiques, et même des ouvrages destinés au grand public, ce qui les caractérise particulièrement, c'est leur **volonté d'apporter de l'aide** aux personnes éprouvant de petites ou de grosses difficultés dans leur vie personnelle et relationnelle. Plutôt que de théoriser ou de créer des écoles.
C'est probablement la marque de génies rares et profondément altruistes.
C'est pourquoi, face à la demande croissante d'intervenants qui les sollicitaient, ils ont souvent répondu :
« Si vous voulez atteindre les mêmes résultats que nous, regardez-nous faire. »

Au début des années 70, **Richard Bandler,** l'un de ces thérapeutes fascinés par ce que j'appelle ces « super-thérapeutes », travaille avec l'un d'eux, Fritz Perls.
Il rencontre **John Grinder,** lequel est alors professeur de linguistique à l'Université de Californie à Santa Cruz, et aussi co-auteur de ce qui est devenu un classique en linguistique : *Guide pour la grammaire transformationnelle.*
Leur rencontre va produire des étincelles.
Bandler, dont la formation originelle est celle de mathématicien spécialisé en cybernétique, en a gardé le goût des « modèles » précis. Et, pour un linguiste, la notion de « modèle » est très familière.

Des modèles précis

Le dictionnaire définit la notion de modèle comme suit :

« Ce qui sert ou doit servir d'objet d'imitation pour faire ou reproduire quelque chose. Avec comme synonymes : patron, archétype, canon, étalon, exemple. Et comme notions proches : mode d'emploi, mode d'explication, schéma, structure, plan. Avec référence à l'anglicisme pattern. »

Je dirai que, pour notre propos, ce sont les notions de plan organisé, de modèle d'explication pour faire ou reproduire quelque chose qui s'avèrent les plus proches du sens voulu par les fondateurs de la PNL, qui utilisent en anglais le vocable *« Model »*.

Un patron de tapisserie ou de vitrail est bien un modèle, un plan, concernant les étapes à suivre pour faire un tapis ou un vitrail.

Plus récemment, la cybernétique — et plus récemment encore, l'informatique — se sont employées à développer la notion d'ordinogramme pour représenter les étapes ordonnancées des processus de pensée.

Le type d'ordinogramme le plus simple peut être figuré comme suit dans l'exemple p. 26.

Un ordinogramme est un document préparatoire pour la programmation d'un ordinateur.

Revenons à Bandler et Grinder.
Ils décident de relever un défi, comme l'histoire de la psychologie en a peu connus : créer pour les différents mondes où l'« intervention » est primordiale des « modèles fiables et performants ». Leur entourage dira vite « des modèles d'*excellence* ».

En matière d'intervention psycho-thérapeutique, comme on l'aura compris, bien sûr. Et, par conséquent, dans le domaine du développement et de l'efficacité personnelle également. Et aussi, dans toute une

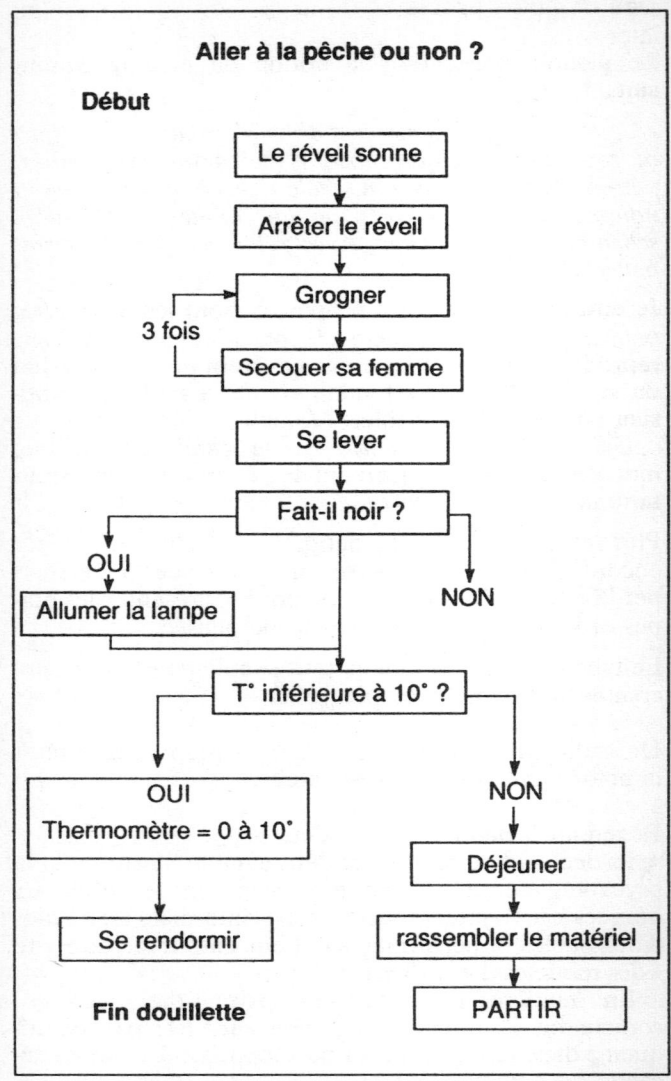

série d'autres domaines où une ou plusieurs personnes interviennent auprès d'autres, tels que l'enseignement, l'éducation, le monde de la vie professionnelle, la religion, etc.

Parce qu'il n'y a pas que les thérapeutes qui font preuve de talents exceptionnels.

Il y a aussi des parents, des éducateurs, des enseignants, des vendeurs, des artistes, des conférenciers, des animateurs, des hommes d'affaires, des religieux, des soignants qui font preuve de talents « extraordinaires » (au sens premier du terme) dans la façon de *traiter* le problème qui se pose à eux. Que ce soit cette mère de trois enfants qui parvient à aider son aînée confrontée à une première déception sentimentale, *en même temps* que le devoir scolaire de sa deuxième, sans cesser de cajoler sa cadette qui fait une forte fièvre. Ou ce conférencier qui tient son public en haleine une heure durant.

Et de même pour ce professeur de français qui parvient à garder l'attention de toute une classe, en commentant la dictée de Mérimée.

Ou encore ce vendeur qui réussit magistralement dans une négociation commerciale réputée redoutable par ses collègues. Et ce chef de service médical qui explique avec « doigté » aux membres de la famille réunis ce que les chirurgiens vont tenter avec courage pour « sauver » ce fils, ce père de famille dont l'aorte s'est déchirée.

Comme ce directeur de personnel qui parvient, grâce à son expérience et sa sensibilité, à conclure, positivement pour les deux parties, une négociation patronat-syndicats, confrontés sur un problème « explosif ».

Ou cet acteur qui trouve une façon si exacte de « faire vibrer » son auditoire dans cette interprétation si difficile.

Et encore ces prédicateurs qui parviennent à « galvaniser » leurs auditeurs.

Ces hommes d'affaires capables de discerner « ce qui va marcher » et qui permettra de créer des centaines d'emplois dans la région.

Oui, ils existent bel et bien, ces **Super-Communicateurs.**

Ceux cités ci-dessus, et les autres : tous ceux qui, souvent plus modestement, réussissent des communications avec un talent exceptionnel au moins une fois dans leur vie. Et qui ne savent pas bien expliquer *comment ils ont fait,* comment ils s'y sont pris.

Et c'est précisément à ce défi-là que Bandler et Grinder vont s'attaquer : **expliquer l'inexplicable.**

Et ce qu'ils vont trouver en surprendra plus d'un ! Particulièrement parmi les spécialistes de la communication !

Une démarche audacieuse

Pour atteindre leur principal objectif — créer des modèles précis d'intervention — Bandler et Grinder vont appliquer à la lettre ce que certains Super-Communicateurs (en abrégé : Super-C°) leur ont dit de faire : les observer. Et ils vont s'y mettre, avec acharnement. Auprès de la plupart des thérapeutes qu'ils vont observer (tout d'abord les super-thérapeutes), Bandler et Grinder (j'abrégerai en B&G) vont même solliciter la permission d'enregistrer leurs interventions en vidéo.

L'usage de la vidéo dans l'observation de phénomènes humains va amener des commentateurs à considérer cette démarche comme très révolutionnaire, parce qu'elle permet, selon eux, de travailler analytiquement en psychologie, c'est-à-dire **en matière de sciences humaines** *comme* **dans les sciences dites exactes.**

En effet, qu'est-ce qui caractérise le plus les sciences dites exactes, si ce n'est l'observation analytique répétable à souhait, avec la possibilité de « découper » le phénomène observé en séquences : ce que permet la vidéo !

Passer, repasser les bandes vidéo, à différentes vitesses, observer « ce qui se passe » pendant des laps de temps très courts — inférieurs à une seconde — faire des arrêts sur image, observer les différences entre «comment sont» les protagonistes à différents moments de l'intervention, observer les comportements physiques en «coupant» le son, voilà quelques-unes des façons «d'analyser» les réalités humaines comme on n'a jamais pu le faire avant l'invention de la vidéo.

Sans oublier cette démarche cruciale de l'expérience : faire participer à ces observations des dizaines de chercheurs. Et aussi : après leurs déductions, soumettre celles-ci à de nouvelles visions «critiques».

Voilà un ensemble de façons de faire qui font dire à certains : « *Avec leurs méthodes d'analyse, B&G ont fait entrer la psychologie dans le rang des sciences exactes.* »

Ce qu'ils ont — par contre — choisi de *souligner* avec insistance, c'est le fait que leurs observations portent sur **ce que *font* les Super-C° plutôt que sur ce qu'ils disent faire.**

Et cette démarche-là est tout à fait «inouïe». En effet, pendant des siècles (c'est-à-dire bien avant la «constitution» d'une science psychologique), on s'est généralement adressé à l'intéressé que l'on voulait «modéliser» en lui demandant surtout «comment il s'y prenait» — ce qui ne donnait qu'une analyse «vue par un seul côté de la lorgnette», celle de l'intervenant lui-même.

Et comme, jusqu'à la fin du XIXe siècle, les bons intervenants étaient l'exception, il se dégageait souvent de leurs déclarations d'orgueilleuses abominations dont de nombreux ouvrages publiés au début du XXe siècle peuvent encore témoigner.

Cette démarche d'observer *ce que font* ces Super-C° plutôt que de leur *demander ce qu'ils font* en a surpris plus d'un parmi ces derniers.

On raconte même que Milton Erickson, surpris à la lecture de *Structures of Magic* — l'un des premiers ouvrages de B&G (et qui fit véritablement l'effet d'une bombe dans les milieux autorisés), aurait déclaré : «*Je ne savais pas que je faisais ça !*»

Tout comme il doit vous arriver de faire, cher lecteur, quand, vous aussi, vous vous trouvez dans ce que la

PNL appelle votre Etat de Ressource (une notion qui sera expliquée plus loin).

La plupart des humains vivant sur cette Terre sous-estiment, encore et toujours, les immenses ressources qui, véritablement, « gisent » en eux, bien que les scientifiques de tous poils (Albert Einstein en tête!) n'arrêtent pas de nous répéter que nous n'utilisons qu'une petite partie de nos capacités cérébrales : $1/10^e$, selon les estimations les plus « pessimistes ». Et si, comme je vous le suggère, vous vous laissiez emporter — le temps de la lecture de cet ouvrage — par le « rêve » d'incursion dans ces vastes « champs (peut-être trop) désertés » qui « habitent » votre boîte crânienne ?

D'accord ? Un tel « voyage » vous intéresse ?

Il n'y a aucun danger. C'est toujours vous le « Maître » qui décidera de poursuivre ou non votre lecture. Le seul risque, c'est d'abandonner le camp de ceux qui croient encore « la psychologie dangereuse » (parce qu'on leur a dit que notre « tête » était surtout peuplée de « monstres »* dont la découverte ne pouvait être que douloureuse, et qu'une partie d'eux-mêmes** l'a cru.

Avant de poursuivre, je désire vous expliquer ici la démarche que j'ai choisie pour vous présenter les deux chapitres suivants.

---

* Ce sont surtout les médias peu scrupuleux de faire œuvre scientifique qui véhiculent ces idées négatives sur le « contenu » de notre inconscient. Combien de titres racoleurs — du genre *Connaissez les désirs — inavouables — de votre inconscient. Les psychologues nous disent...* pour un ouvrage complet, sérieux, et écrit avec une volonté de rendre les choses accessibles, comme ceux de Pierre Daco...
** Pour connaître les « différentes parties » qui « habitent » notre Moi, voir *L'Analyse Transactionnelle,* René de Lassus, Marabout Service n° 35.

Amorce des chapitres 2 et 3

B&G, en chercheurs précis qu'ils sont, ont sûrement tenu un journal de leur travail.

Je suppose qu'un de ces jours, ils le publieront.

Alors, tous ceux — et ils sont de plus en plus nombreux — que la découverte de la PNL a passionnés, ou mieux encore aidés, se précipiteront sur ce journal d'une découverte pour le moins aussi passionnante que celle du Nouveau Monde.

Mes successeurs — ceux qui aiment rendre accessibles des sujets réputés difficiles — feront certainement ce travail plus facilement, aidés par ce journal. Il leur suffira de partir de la rencontre de Bandler et Grinder, en précisant quels étaient, à ce moment-là, leurs acquis respectifs.

Ils pourront ensuite suivre le parcours chronologique des deux compères, c'est-à-dire qu'à partir de leur décision de créer un modèle « qui marche » (un modèle fonctionnel) d'intervention, ils pourront suivre le cheminement qui va de l'observation des super-thérapeutes aux recherches théoriques; puis à l'édification d'hypothèses, suivie de leur vérification par de nouvelles observations, de nouveaux recours aux acquis théoriques (c'est-à-dire aux découvertes déjà faites) et à l'extension finale vers d'autres secteurs de la vie professionnelle, bref, à un va-et-vient entre quatre pôles qui va, finalement, donner naissance à cette combinaison nouvelle qui aura pour nom PNL.

Aujourd'hui, en lieu et place de la chronologie entre ces quatre pôles — je rappelle : observation / références théoriques déjà développées dans un passé relativement récent (de 1920 à 1970) / élaboration d'hypothèses / vérification de celles-ci par une nouvelle observation —, il me faut vous proposer un parcours moins descriptif des étapes de l'édification de la PNL :

→ un Chapitre 2 qui présente les observations de B&G auprès des Super-thérapeutes.

→ un Chapitre 3 consacré aux recours théoriques et aux prolongements de ceux-ci par B&G pour l'édification de leur nouvelle discipline.

2

CE QUE FONT
LES SUPER-COMMUNICATEURS

Alain entre dans le parc de la Résidence des Roses où habite Patricia. Il est au volant de sa toute nouvelle 205 GTI bleu turquoise. Patricia est vêtue d'une mini-jupe noire et d'un T-shirt blanc qui flatte son teint bronzé par son dernier séjour aux Galapagos. Ce soir, Alain invite Patricia à La Pagode, le restaurant chinois à la mode dans cette petite ville du Nord-Ouest.

Le garçon leur a proposé de prendre place à une petite table probablement achetée dans une brocante.

Sans s'en rendre compte, Alain s'est penché vers l'avant, selon un angle parfaitement correspondant à celui de Patricia par rapport à la table.

Au « Charmant ici ! » qu'a prononcé Patricia, Alain a répondu par un « Tout à fait », dont la parfaite similitude sonore est troublante. Quelqu'un aurait chronométré la durée de ces deux toutes petites phrases, il eût été frappé par leur durée identique. Un peu comme si Alain considérait ne pas devoir prendre plus de temps que Patricia, dans ces tout premiers échanges.

A propos de la hauteur et de l'intensité de voix, le même phénomène s'était produit. Et se répéta

> *encore après que Patricia, qui avait déplacé son couteau légèrement vers la droite, eut exprimé à Alain le plaisir qu'elle avait ressenti à rouler dans sa nouvelle voiture : « Et toi, tu en es bien content, je suppose ? » A quoi Alain avait répondu : « Tu supposes bien. J'en suis très content. » En disant cela, il avait écarté légèrement son couteau, à gauche, très précisément, comme s'il importait de rester en situation physique de miroir, pour ne pas gâcher ce premier dîner qu'ils prennent en tête-à-tête dans ce restaurant où Patricia « rêvait tellement d'aller », comme elle l'avait dit deux semaines plus tôt, en sortant de ce bar où, accoudés, mais en se faisant face, ils avaient lié connaissance.*
>
> *Et aujourd'hui, ils se retrouvaient dans ce nouveau « face-à-face » nommé plus romantiquement « tête-à-tête ».*
>
> *Ce premier dîner se déroula comme l'un et l'autre l'avaient rêvé, parce que, secrètement, Patricia était amoureuse d'Alain qui, comme il allait le confier dès le lendemain à un ami, avait eu le « coup de foudre » pour cette charmante brune qu'il avait connue au « Bar Exotique », bar dont l'atmosphère rappelait à Patricia ses dernières vacances.*
>
> *Tout au long de ce dîner, Alain et Patricia échangèrent des propos banals avec une parfaite synchronisation de gestes, de volume de voix. Même le rythme des phrases qu'ils émirent, ainsi que celui de leurs respirations, ne faisait qu'en préfigurer d'autres, plus intimes.*

Non, vous ne vous êtes pas trompé de livre, en reprenant votre lecture. Et non, cet ouvrage n'est pas un roman de Barbara Mac Lassus.

La description de ce dîner en amoureux est bien nécessaire à la découverte de ce que font les Super-C°.

J'espère pour vous qu'il s'agit d'une situation que vous avez connue, au moins une fois, dans votre vie.

Sans quoi il est «urgent» d'achever la lecture de cet ouvrage et de le mettre en application dans un domaine où il est bien question de «relations d'influence», les relations amoureuses!

Si, comme je le suppose, vous avez déjà vécu une telle situation, n'avez-vous jamais été surpris par ce synchronisme décrit dans les lignes ci-dessus? En effet, observez deux personnes amoureuses dans un restaurant; ce qui est décrit au début de ce chapitre est bien ce qui se passe: elles sont assises, de préférence en tête-à-tête, souvent penchées l'une vers l'autre selon un angle parfaitement identique.

Si l'on devient un peu plus indiscret et que l'on se rapproche d'eux, on peut en effet observer qu'ils échangent (presque toujours) des propos sur le même ton de voix, sur le même rythme — lequel est bien lié à leur respiration. Comme supposé dans l'amorce de «roman» imaginée ci-dessus, ce synchronisme préfigure bel et bien celui qu'ils ne manqueront pas de vivre dans leurs ébats sexuels.

Et, si nous revenons à leur conversation, la plupart des amoureux du monde entier seront inconsciemment attentifs à ne pas heurter l'autre — dans cette «première» rencontre privilégiée. Même si, quelque temps plus tard, le même couple vit une dispute à grands cris.

Dans un vrai dîner d'amoureux, écoutez comme les deux êtres qui sont en tête-à-tête reprennent jusqu'aux mots de l'autre. Comme si cette «harmonie» ne pouvait absolument être rompue.

Gageons qu'après la lecture de ce livre, vous direz peut-être, en face d'une telle scène: «Tiens, en voilà deux qui "font" de la PNL!»

Parce que nous avons tous — un jour ou l'autre — «fait» de la PNL comme M. Jourdain faisait de la prose, c'est-à-dire sans le savoir.

Avant d'expliquer pourquoi — et avant que vous ayez *vraiment* l'impression de vous être trompé de bouquin, laissez-moi vous décrire encore l'une ou l'autre scène où des gens font de la PNL sans le savoir...

Imaginez ce que vous feriez si un petit de trois ans, dont la garde vous a été confiée, pousse la porte et s'avance vers vous — qui êtes debout — secoué de sanglots dont vous ne connaissez pas la cause. Imaginons que ce « gros chagrin » vous émeuve. Qu'allez-vous faire ? Probablement vous baisser et accueillir le petit dans vos bras.

Ce faisant, vous ferez, vous aussi, à ce moment-là, de la PNL sans le savoir.

> *Marc Pepin est guide de randonnée en Savoie. Là où ses clients s'exclament : « Je n'y arriverai pas ! » face à une cascade à franchir — et à quoi la plupart de ses collègues répondent : « Ce n'est pas difficile ! Allez-y ! » — il répond, lui : « Je vous comprends ! Prenez votre temps... »*

Marc Pepin fait, à ce moment-là, lui aussi, de la PNL sans le savoir.

Il y a comme ça — et vous le découvrirez progressivement — des tas de situations où les gens se comportent, spontanément, comme s'ils avaient suivi des séminaires de formation en PNL.

Un dernier exemple, encore.

> *Martine a trois garçons. Félix, six ans, rentre couvert de boue, en déclarant avoir obéi aux consignes de son grand frère, qui en avait la surveillance. Martine prend Félix par les bras et l'installe bien en face d'elle en lui disant :*
> *« Félix, regarde-moi et répond à ma question : es-tu bien resté auprès de Robin, comme je te l'avais demandé ?*
> *— Oui, maman.*
> *— Félix, tu sais que je n'aime pas que tu ne dises pas la vérité ! »*

La prochaine fois que vous verrez Martine faire cela et « détecter » les mensonges de ses enfants, inutile de lui demander si elle a lu cet ouvrage.

Vous et moi, ainsi que la plupart de nos contemporains, faisons parfois spontanément des « choses » que B&G ont repéré comme étant des moyens utilisés par les Super-C°.

C'est enfin ce qui se passe lorsque (inconsciemment, sans doute) nous disons à certains interlocuteurs des phrases commençant par : « Dites-vous bien... » ou « Essayez d'imaginer... » et « Que ressentiriez-vous si... ? »

Voilà. Comme vous allez progressivement le découvrir, nous avions déjà tous fait de la PNL, comme M. Jourdain, sans le savoir.

Et que font-ils donc, ces Super-C°?

Deux choses.

1. Ils n'agissent pas au hasard. Ils sont actifs dans leurs interventions*.

Ils font référence à un PLAN D'INTERVENTION progressif, dans lequel ils avancent **étape par étape.**

Chaque étape a un objectif bien précis.

Au cours de chacune de ces étapes, ils utilisent des méthodes bien spécifiques.

Ils ont aussi — en réserve, pourrait-on dire — des méthodes qu'ils n'utilisent que s'ils les estiment utiles.

2. Ils agissent selon certains présupposés.

---

* Les thérapeutes cités plus haut adhèrent davantage à ce qu'il est convenu d'appeler les **thérapies stratégiques,** c'est-à-dire des démarches psychothérapeutiques dans lesquelles le thérapeute intervient dans le processus de changement en proposant des recommandations, des conseils, des exercices et d'autres choses encore, à la différence de la pratique des associations libres (comme la psychanalyse) où le consultant laisse émerger son vécu sans sollicitation directe de l'intervenant.

Nous allons maintenant examiner successivement ces deux choses.

Les Super-C° et les règles de politesse

Les Super-C° adoptent le respect des règles de politesse concernant l'accueil, le bonjour, les présentations, les invitations diverses (à prendre place, à se rafraîchir ou prendre le café — selon les circonstances).

Il se peut que les super-thérapeutes (pour des raisons de tactiques thérapeutiques qui ne seront pas développées dans cet ouvrage) dérogent à ces règles.

Étapes du plan d'intervention des Super-C°

ETAPE 1

Établir un lien puissant

La PNL est relativement récente et, d'ores et déjà, on entend souvent affirmer dans les milieux autorisés que, si seule la découverte de cette première étape avait été mise en évidence, cela eût déjà valu la peine de l'avoir inventée !

Les biographes de Milton Erickson pensent que c'est parce qu'il était condamné au fauteuil roulant, par suite de séquelles de poliomyélite, que ce prodigieux thérapeute aurait développé cette stratégie du lien puissant pour aider ses patients à libérer leurs ressources personnelles.

C'est, en effet, en observant — comme ils l'ont fait — surtout la manière d'agir de ce thérapeute exceptionnel qui aurait, dit-on, soigné environ 30 000 personnes, que B&G ont attiré l'attention sur la valeur et l'importance de la création de ce **lien puissant.**

De quoi s'agit-il ?

Qui a vu un Super-C° « entrer » en communication sait ce que veut dire « mettre toute son attention à l'œuvre », ou être « empathique ».

En psychologie classique, Miller nous avait déjà dit que nos possibilités d'attention consciente sont limitées à la perception de plus ou moins sept éléments à la fois.

Nous pouvons en effet traverser une rue (être attentif par la vue à l'endroit où nous posons nos pieds — une chose —, à la circulation — deuxième chose —, aux feux de circulation — troisième chose —, à l'évaluation de ces données à l'intérieur de notre cerveau) en poursuivant une conversation — pas trop profonde — avec la personne qui nous accompagne, écouter ce qu'il dit — quatrième chose, — être attentif à ce qu'on lui répond — cinquième chose —, tout en étant encore attentif à la sensation corporelle de la pluie qui coule sur notre visage — sixième chose. Peu de gens pourraient encore consacrer une partie de leur attention à une septième chose, en même temps.

Or les Super-C° mettent bel et bien la somme de leurs capacités perceptives à observer leur interlocuteur.

Rien qu'en ce qui concerne « ce qui capte leur attention visuelle », B&G ont constaté qu'ils se montraient attentifs aux mouvements des yeux de leur interlocuteur (voir plus loin), comme à tous les mouvements du visage et du corps, à la position générale du corps, au tonus musculaire, à la couleur de la peau (et ce, pas au sens racial de l'expression), au rythme et à la localisation respiratoire de celui-ci.

Une attention toute aussi fine est portée au langage, en tenant compte d'un même degré de détail dans ce qu'on appelle les sub-modalités* de l'expression verbale ou corporelle. Cette **observation fine et attentive** est appelée en PNL CALIBRATION. Elle porte sur n'importe quel aspect de l'expression de l'interlocuteur (les Super-C° agissent comme s'il n'existait aucun « détail insignifiant »).

Cette action de calibration est une étape préparatoire à ce qui va véritablement induire le LIEN PUISSANT déjà mentionné, à savoir la SYNCHRONISATION PHYSIQUE ET VERBALE.

---

* La notion de **modalité** est appliquée aux grandes catégories des formes d'expression, celle de **sub-modalité,** à une sous-catégorie de la première. Par exemple, le timbre d'une voix est une sub-modalité des composantes sonores de l'expression vocale d'une personne.

Et ici, le philosophe voudra marquer un temps de pose. Il est en effet curieux qu'il ait fallu attendre la deuxième partie du XXe siècle pour avoir repéré — et codifié — une pratique aussi importante que la synchronisation. De quoi s'agit-il?

Ce qui frappe l'observateur attentif à la façon dont les Super-C° « entrent en contact », c'est la manière par laquelle ils se synchronisent physiquement à leur interlocuteur. Cela veut dire la façon dont ils vont adopter une position physique identique à celle de leur interlocuteur — y compris parfois les gestes de celui-ci. Une symétrie de « miroir » qui n'a, bien sûr, rien à voir avec ce qu'en français on pourrait nommer « singerie ». L'une des caractéristiques éthiques fondamentales des Super-C° observés par B&G, c'est bien entendu leur très haut niveau de respect et de considération pour les autres.

Cette symétrie se retrouve sur le plan du langage, surtout dans ce premier moment de la rencontre où il ne sera pas rare d'entendre un Super-C° reprendre exactement les termes de son interlocuteur:

CLIENT: « ... et alors, à chaque fois que cela se produit, j'éprouve une sensation désagréable... ici. (En pointant le doigt sur le centre de la poitrine.)

THÉRAPEUTE: « ... C'est ça, chaque fois... une sensation désagréable... qui se produit ici. » (En refaisant le geste du client sur sa propre poitrine.)

Note de l'auteur: je sais ne pas être le premier qui, en décrivant la synchronisation verbale et physique, perçoit combien les limites de l'écrit desservent mal ce qui y est à l'œuvre, par rapport à l'observation visuelle et auditive directe. Je ne peux, dès lors, que vous inviter à observer cela dans la vie courante, par vous-même (et même à la TV, hormis dans les feuilletons où, généralement, les acteurs sont tellement mauvais qu'il n'est pas judicieux de considérer leurs interprétations comme modèles d'observation du comportement humain).

Cette synchronisation est notamment très affinée en ce qui concerne les **prédicats,** c'est-à-dire les verbes, les mots les plus importants d'une phrase. Exemple :
CLIENT : « C'était lourd sur la poitrine, je ne voyais vraiment pas comment m'en sortir. »

On a, depuis longtemps, appris aux futurs psychologues à pratiquer la reformulation. Une reformulation est une façon de répéter à son interlocuteur ce qu'il a dit, pour lui signaler qu'on l'a bien compris.

Et c'est à partir de cet apprentissage qu'un jeune psychologue, tout frais émoulu, dira peut-être à la personne qui a exprimé son malaise de la façon décrite ci-dessus :

JEUNE PSYCHOLOGUE : « Si je vous comprends bien, vous êtes à la recherche d'une solution pragmatique qui vous libère de l'oppression tenace dont vous êtes victime ! »

Les adolescents se synchronisent spontanément dans beaucoup de leurs rencontres.

Si tous les entretiens psychologiques étaient filmés, on pourrait sans doute observer, par une calibration attentive, des patients s'efforçant alors de «comprendre comment leur thérapeute les a compris» et terminer cet échange par une affirmation «tronquée» destinée à encourager le thérapeute: «Je vois que vous m'avez compris!»

B&G ont observé — sans épiloguer sur ce que chacun peut en penser — que les Super-C° préfèrent, tout simplement, se synchroniser sur le langage du client et lui redire: «Comme vous sentiez cette lourdeur sur votre poitrine, cette sensation vous empêchait de voir comment vous pourriez vous en sortir!»

Ils ont aussi observé que cette «simple synchronisation» — plus proche du langage de leur interlocuteur — s'avérait plus efficace pour la construction de ce lien puissant qui nous occupe.

Enfin et surtout — pour des raisons qu'ils analyseront plus tard — B&G ont observé que les Super-C° attachaient une grande importance à la synchronisation des prédicats en rapport avec nos systèmes sensoriels. Cela veut dire se synchroniser aux mots en rapport avec la vue (des mots comme: *je vois, j'imagine... une vue claire, un horizon, une perspective*, etc.), l'ouïe (*je me dis, je n'entends rien à, dites-vous bien que, d'une voix aiguë, j'entends bien ce que vous voulez dire*), la kinesthésie — la sensation physique par laquelle on «ressent» les choses d'une façon «interne» (des mots comme: *tu saisis bien les choses, tes propos me touchent*). Voilà.

Dans cette première étape, ce que font les Super-C°, c'est surtout:

— **calibrer** (observer avec une attention très éveillée) leur interlocuteur (détails du visage et du corps, tout autant que gestes, position physique, mots utilisés, pour ensuite s'accorder:

— **en se synchronisant* physiquement et verbalement** (c'est-à-dire employer le même langage, en particulier en ce qui concerne les expressions du **voir,** du **dire** et du **ressenti****).

Des conjoints d'âge mûr se synchronisent souvent spontanément.

---

* Les méthodes d'efficacité dans les communications humaines « exportées » des USA posent des problèmes de traduction à ceux qui veulent les présenter aux publics francophones.
Aux USA, le concept de synchronisation se dit *« Matching »*. Certains praticiens français de PNL ont tenté de répandre l'usage de l'anglicisme *« matcher »*. Mais le mot *« match »* en français implique davantage une notion de rencontre entre opposés, ce qui est à l'opposé du sens de *« matching »* en PNL. Pour cette notion, qui signifie davantage *« s'accorder avec l'autre »* ou encore *« aller à l'amble »*, le mot français le plus correct serait sans doute *« apparier »*. Je lui préfère *« se synchroniser »*.
** Nous verrons plus loin que les sens visuels, auditifs et kinesthésiques prédominent dans nos langages.

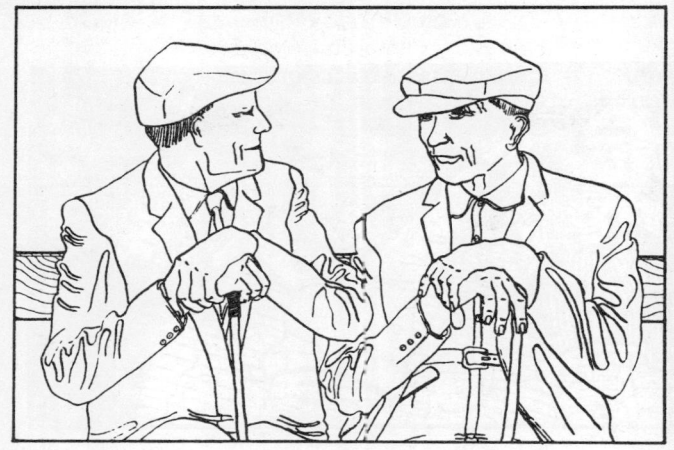

Exemple de synchronisation spontanée.

Des personnes amoureuses se synchronisent fréquemment d'une façon spontanée.

Exemples de synchronisation spontanée.

Etablir un lien puissant n'est pas une fin en soi, pour les thérapeutes observés par B&G. Puisqu'on vient les consulter, c'est bien pour «obtenir» quelque chose d'eux — leur **intervention**. Etablir un lien puissant est tout simplement le moyen qu'ils considèrent néanmoins comme **indispensable** pour **conduire** leur interlocuteur tout au long de l'intervention.

La conduite *(Leading)*

L'intervenant sait où il va. Et pour ce faire, il **contrôle les processus de la communication.**

La conduite, c'est donc l'action qui consiste à amener son interlocuteur *là* où l'intervenant se propose de le faire parvenir (à se sentir mieux, à écouter ou à acheter).

C'est ce que font les meilleurs vendeurs, comme le confirme la thèse de doctorat de Daniel Moine (Université de l'Oregon, USA) qui parle du travail de ces vendeurs qui aboutissent à des résultats excellents.

Certains s'en effrayeront, mais B&G n'ont fait — faut-il encore le rappeler — que «décoder» des pratiques vieilles comme le monde.

On comprend que Genie Laborde ait choisi comme titre de son ouvrage principal (édité en français chez InterEditions) : *Influencer avec Intégrité*.

C'est ce que font — **volontairement** — les Super-C°, pour réussir leurs «interventions».

C'est ce que font — **inconsciemment** — Alain et Patricia au restaurant. Rappelez-vous la synchronisation de leurs gestes et de leurs paroles.

C'est ce que vous faites lorsque vous pliez les genoux pour accueillir le petit en pleurs. Vous vous rapprochez singulièrement de lui, vous vous mettez à sa hauteur, tout comme Marc Pepin, notre guide de randonnée, «se met au diapason» (encore une expression qui décrit fort bien le sens de «s'accorder») de la personne effrayée par la cascade à franchir ou le précipice à longer. Une leçon pour tous les moniteurs de pratiques sportives qui ont facilement tendance à confondre guidance et exhibition.

C'est encore ce que font — **spontanément** — des milliers de petits commerçants, de fonctionnaires consciencieux, de négociateurs, de praticiens de l'aide à autrui sous toutes ses formes, lorsqu'ils cherchent à établir « un bon contact » avec quelqu'un.

Pourquoi la PNL, alors ?
C'est une question que vous ne vous posez sans doute déjà plus si tant est que, comme tous les humains soucieux de perfectionnement, vous avez compris l'intérêt de la méthode : fournir un ensemble de modèles au service de l'**efficience humaine.**

ETAPE 2

Etablir un cadre et fixer des objectifs

● Soucieux d'aboutir à des résultats concrets, les Super-C° prennent du temps* à **préciser ce que l'on va traiter** au cours de l'intervention (je dirais : de dessiner la frontière entre ce qui sera abordé et ce qui ne le sera pas).

En psychothérapie, mais aussi dans la plupart des relations professionnelles, on sait bien que, quand bien même les personnes en présence *savent* bien à quoi elles doivent aboutir, il est fréquent de *dévier* de la route menant à un objectif. Si on dévie un peu trop, les Super-C° ont remarqué qu'il était préférable de *revenir* à cette route menant vers l'objectif.

---

* Il est évident que la démarche des Super-C° semble, à première vue, et surtout, à la lecture du degré de sophistication décrit, prendre plus de temps que les démarches « habituelles ». Ayant interrogé John Grinder à ce sujet, sa réponse fut simple : « Question de savoir ce qu'on veut ! »

Par exemple, un patient venu consulter un thérapeute pour une question de relation avec son partenaire peut être porté à évoquer, au cours de l'échange, ses réussites relationnelles avec des partenaires antérieurs. S'il le juge important, le thérapeute peut préciser : « Ce qui s'est passé avec Marie et Jacqueline peut être intéressant, mais ne pensez-vous pas qu'il serait indiqué de nous recentrer sur ce qui se passe aujourd'hui avec Martine ? Si nous poursuivions dans ce sens...? »

La **sortie** « hors cadre » de l'objectif de la rencontre est l'une des **difficultés majeures** des réunions. C'est la raison pour laquelle je recommande aux animateurs de « prendre du temps » pour **marquer** par un **ancrage** solide (une notion qui sera reprise plus loin) ce qui est inclus dans le cadre de la réunion et ce qui ne l'est pas. Cela lui permettra, en cas de nécessité, de revenir sur cet « accord » : « Bien, ce que vous dites, Léopold, en matière de rentabilité, est très intéressant — et nous aurons intérêt à nous en souvenir. Je souhaite cependant que nous poursuivions nos échanges au sujet des campagnes 94/95. »

● Le deuxième aspect traité dans cette étape est capital

Ne dit-on pas que « celui qui sait bien ce qu'il veut a déjà parcouru la moitié du chemin » ? « Problème bien posé est à moitié résolu » dit la sagesse populaire. C'est pourquoi les Super-C° vont employer de l'énergie à **fixer les objecftifs** que leur interlocuteur souhaite atteindre.

Pour ce faire, ils vont **interviewer** leur interlocuteur. Je préfère le mot « interviewer » que « questionner » parce que le premier fait davantage penser à une attitude de *recherche* adoptée par les Super-C°, tandis que le second nous rapprocherait trop de l'enquête inquisitoriale, policière.

B&G édifieront en modèle cette manière d'interviewer un interlocuteur — et je préfère en présenter le résultat final dans la deuxième partie de cet ouvrage.

Pour l'instant, il me paraît plus important de préciser que **l'interview positive** menée par les Super-C° a pour but essentiel de transformer des désirs, des intentions souvent confuses, imprécises, troubles, compliquées en **objectif réaliste, positif et spécifique.**

C'est-à-dire, de transformer le « vœu » trop diffus de Paul Durant : « Que ça aille mieux entre mon fils et moi ! » en :
« Je souhaite dialoguer clairement — c'est-à-dire d'une façon où lui et moi nous comprenons — au sujet de ses études, c'est-à-dire :
— écouter son point de vue ;
— donner le mien ;
— négocier un compromis satisfaisant pour nous deux.

Pour cela, je veux disposer de 3 heures pendant lesquelles nous ne soyons pas dérangés. »

On devine pourquoi il est dit qu'un problème bien énoncé permet de progresser vers l'objectif souhaité.

En observant les Super-C° à l'œuvre, B&G ont remarqué l'attention toute particulière que ceux-ci apportaient au langage (lequel, on le sait depuis longtemps, est très révélateur). C'est là un des apports de la psychologie classique que les Super-C° californiens ont totalement intégré.

Et comme Grinder était une sommité en matière linguistique, nos deux compères ont enrichi l'observation qu'ils faisaient de ces apports, pour établir ce qu'ils ont appelé le MÉTA-MODÈLE, que nous découvrirons dans la 2ᵉ partie.

Retenons pour l'instant de cette deuxième étape qu'elle sert à circonscrire (donc définir) le cadre de ce qui sera inclus et de ce qui sera éventuellement exclu de l'intervention — évidemment avec l'accord de l'interlocuteur — et de définir :
— l'objectif *réaliste* : cela veut dire définir un objectif « possible » — Presque tous les enfants déclarent un jour ou l'autre un objectif peu réaliste ; « Je veux devenir très riche » ;

- *positif :* cela signifie formulé en des termes positifs par opposition aux objectifs formulés en termes négatifs — « qui ne marchent pas ». « Je veux entretenir de bonnes relations avec Huguette » *marche* mieux que « Je ne veux plus me disputer avec elle » ;
- et *spécifique :* un objectif accompagné de précisions, de détails concernant sa réalisation *marche* mieux qu'un objectif limité dans son intention générale — « Cela veut dire que je souhaite rencontrer Huguette au moins une heure par jour au cours de laquelle nous puissions discuter de sujets qui nous intéressent tous les deux. »

ETAPE 3

Recherche des ressources

Cela signifie que pour aborder l'Etape 4 qui sera l'Intervention proprement dite, les Super-C° font appel aux ressources de leur interlocuteur.

Les ressources d'une personne, ce sont surtout ses **ressources internes** : ses souvenirs, son expérience, son imagination, sa créativité propre, que les Super-C° sont très habiles à stimuler, et les **ressources externes** : l'observation, les demandes que l'interlocuteur peut faire ou adresser à son entourage.

L'une des choses que B&G ont beaucoup entendu dire à leurs interlocuteurs est la suivante : « Il y a certainement, dans votre vie, l'une ou l'autre chose qu'*à vos propres yeux,* vous avez fort bien réussie ».
   (En général, la personne commence par nier cette affirmation. Les Super-C° insistent alors sur le fait que, pour la proposition qui leur est faite, en ce moment ils sont **les seuls juges de cette réussite.** Si besoin est, l'intervenant insiste sur la liberté qu'il invite son interlocuteur à prendre vis-à-vis des considérations *des au-*

tres au sujet de cette réussite.) « Je vous invite à ne penser qu'à ce que *vous,* vous considérez comme quelque chose que vous avez réussi. »

Par la calibration (pour rappel : observation fine et attentive de « ce qui se passe » sur le visage et dans le corps de leur interlocuteur), les Super-C° *savent* quand leur suggestion est appliquée, c'est-à-dire quand la personne assise en face d'eux « est en contact » (dans sa tête) avec une **expérience de réussite personnelle.**

Il « se passe alors quelque chose », qui se traduit par un très léger mouvement du corps, une mimique infime, un changement ténu dans la couleur de la peau du visage ou un léger changement de rythme respiratoire.

Le Super-C° poursuit alors sa suggestion de la façon suivante : « Je vous invite à repérer dans la mémoire de votre tête et dans celles des cellules de votre corps ce qui était *présent* au moment de cet acte réussi, ce que vous voyiez, ce que vous entendiez, ce que vous sentiez ».

Le Super-C° *vérifie,* une fois de plus par calibration, l'atteinte de cet **Etat de Ressource** (j'abrégerai désormais en EdR) remémoré.

Il poursuit : « Notre expérience nous a appris que lorsque quelqu'un parvient à rassembler, comme vous êtes en train de le faire, les différents éléments (on peut dire composants) d'un EdR qui a déjà fonctionné dans le passé, il est capable de recréer cet EdR dans le présent ou le futur pour affronter un problème actuel. »

Cette troisième étape consiste donc essentiellement à **trouver des ressources** dans la façon dont la personne a déjà réussi à **faire face,** à affronter *victorieusement* une difficulté dans le passé — ce que B&G ont appelé un EdR.

Ces ressources sont : des souvenirs, des expériences ou encore l'imagination, la capacité à observer le monde et les autres, la capacité à demander des choses aux autres.

ETAPE 4

L'intervention proprement dite

C'est ici que l'expérience et le bagage psychologique des Super-C° interviennent le plus.

Il se peut, selon ce qui leur paraît le plus adéquat, qu'ils utilisent un « modèle » classique d'intervention psychologique comme, par exemple, la *confrontation* propre à l'Analyse Transactionnelle*, la grille « A qui appartient le problème ? » de la méthode Gordon**, la technique des 2 chaises de la Gestalt Thérapie.

• Assez fréquemment dans cette étape, l'intervention fait appel à la technique non appropriée (dans le sens où personne n'en revendique la propriété exclusive) appelée **visualisation créatrice.** La visualisation créatrice est cette capacité que nous possédons tous de créer, dans notre esprit (ou dans notre tête), une image qui ne s'y trouve pas encore, de nous-mêmes, en train de réaliser la réussite d'un acte nouveau qui, généralement, jusqu'à présent nous paraissait pour le moins difficile, voire impossible.

• Ce que les Super-C° appliquent aussi très fréquemment dans leurs interventions, c'est ce qui s'appelle des **dissociations** ou des **associations.** Lorsqu'un « élément » de la réalité extérieure produit chez quelqu'un un effet négatif et, surtout, non souhaité, on dira qu'il est en proie à une association dans sa tête qu'il vaut mieux rompre.

Par exemple, lorsque Charles entend la sonnette retentir deux fois, cela lui rappelle un mauvais souvenir et le paralyse. (On peut supposer que l'objectif lié au traite-

---

* *L'Analyse Transactionnelle,* Marabout Service n° 35.
** La Méthode Gordon est exposée dans *Parents efficaces* (MS 182), comme dans *Cadres et dirigeants efficaces* (MS 1231).

ment d'un tel symptôme désagréable soit : « Je veux pouvoir entendre la sonnette retentir deux fois et rester en pleine possession de mes moyens ».)

Le thérapeute propose alors à Charles de construire dans sa tête ce qu'on nomme une nouvelle **stratégie** (une stratégie est une suite d'opérations mentales qui s'appuie sur nos représentations et nos perceptions mentales et sensorielles — un concept très fondamental de PNL sur lequel je reviendrai au chapitre 7) en lui suggérant de traiter chaque opération — l'une après l'autre :

« Je vous invite à entendre dans votre tête la double sonnerie. »

La calibration réintervient ici pour indiquer à l'intervenant le moment où son interlocuteur « est en contact avec ce souvenir ». L'intervenant propose alors :
« Arrêtons-nous un instant. »

Il suggère alors :
« Je vous propose de reprendre bien contact avec le moment présent. » « Comme tout à l'heure, nous avons repéré que votre imagination était une des ressources positives dont vous disposez, je vous invite *ici et maintenant* à chercher "comment vous pourriez vous imaginer dans la situation où la sonnette retentit par deux fois et que vous restiez en pleine possession de vos moyens". »

Quand l'interlocuteur se *voit* dans cette situation de réussite, quelque chose (mouvement, sourire, changement respiratoire, etc.) indique à l'intervenant que la personne parvient à s'imaginer dans cette expérience nouvelle.

Si cela ne « marche pas », l'intervenant propose de recommencer l'expérience jusqu'à ce qu'elle réussisse.

La dissociation est alors accomplie et il ne reste plus au Super-C° qu'à « ancrer » cette victoire.

● **Ancrer ?**

C'est encore l'un des éléments « magiques » qui sont utilisés par les Super-C° dans leurs interventions.

Une ancre (voyez l'origine du terme), c'est un moyen par lequel « quelque chose » est *accroché* à quelque chose d'autre.

Si « La Marseillaise » vous fait *frémir* ou *trembler*, c'est parce que la « Marseillaise » est une ancre sonore qui produit sur vous un effet kinesthésique (frémir ou trembler).

Une ancre est quelque chose qui évoque ou provoque un état donné. Il y a toutes sortes d'ancres, mais surtout des **ancres visuelles** (comme un drapeau, par exemple — qui peut évoquer la patrie, la guerre, la victoire, etc.), **auditives** (comme une musique, un son, des paroles — « Quand j'entends le son de sa voix, je... »), **kinesthésiques** (comme être touché, des sensations de chaleur — « Quand je prends une douche tiède, je pense à ... »). Chacun a ses registres d'ancres préférées.

Comme dans l'exemple de Charles, le Super-C° aura déjà repéré le type d'ancrage auquel il est le plus sensible (supposons, pour l'occasion, que ce soit les ancres kinesthésiques), l'intervenant aura probablement proposé quelque chose comme :
« Nous allons associer l'image où vous vous voyez en pleine possession de vos moyens — après la double sonnerie — à un geste que vous choisirez. »
Charles choisit de mettre une main sur son épaule.
« Voilà. Vous avez choisi une ancre que vous pourrez utiliser la prochaine fois que votre sonnerie retentira par deux fois, c'est-à-dire que je vous suggère à ce moment-là de reproduire ce qui s'est passé ici, dans mon cabinet, c'est-à-dire de mettre votre main sur votre épaule. »

Selon la nature du problème posé, le thérapeute choisira de faire des **dissociations** ou des **associations.**

Une association sera proche de la pratique décrite ci-dessus et consistera davantage à aller chercher des ressources qui manquent à une stratégie mentale pour les *associer* à une situation.

• Ce que feront encore assez souvent les Super-C° dans cette étape d'intervention est ce qu'il est convenu d'appeler un **recadrage.** Un recadrage est en fait une autre façon de voir, d'entendre et/ou de ressentir quelque chose.

Là encore, le thérapeute va « suggérer » à son interlocuteur un *cheminement,* un *travail* dans lequel il guidera ce dernier à travers ses souvenirs, ses ressources, son imagination, jusqu'à ce que la calibration lui indique que le changement de perspective est atteint; la calibration ou des expressions telles que « Ça y est, je vois. Je comprends » ou « C'est fait, merci. Je ressens maintenant les choses autrement » qui sont des expressions nettes et directes de ce que le recadrage proposé par le thérapeute a abouti.

D'une façon générale, on peut dire que la grande capacité (relativement exceptionnelle, qui lui a souvent valu le qualificatif « magique ») de ceux que j'appelle Super-C° consiste à

— **activer**
— **réactiver** (réveiller, ranimer)
— **créer**

des Etats de Ressources (des EdR).

• Pour terminer la description de cette longue étape consacrée à l'intervention proprement dite, je vous propose de faire connaissance avec une pratique tellement *inouïe* des Super-C° que B&G lui ont donné un nom — également inouï : **le Changement d'histoire personnelle.**

L'intervenant applique cette pratique lorsque son interlocuteur éprouve une « sensation » inadéquate dans sa vie actuelle. Par exemple, une sensation bloquante vis-à-vis d'un personnage important.

L'intervenant commence par inviter son interlocuteur à retrouver dans sa vie plusieurs autres expériences au cours desquelles il a éprouvé ce même type de sensation.

L'intervenant veille à ce qu'il s'agisse de souvenirs de plus en plus anciens. A chaque fois que l'interlocuteur « entre en contact » avec un tel moment de sa vie, il est prié de préciser à quel âge cela se passait. Bien souvent, sa réponse verbale va servir d'ancrage pour la pratique thérapeutique; exemples: « A 30 ans », « A 15 ans », « A 6 ans ».

Supposons que l'intervenant a en face de lui une personne dont l'âge actuel est de 50 ans. L'intervenant demande à la personne de 50 ans de rechercher de quelles ressources personnelles elle aurait eu besoin à 6 ans pour « dépasser » la sensation bloquante.

Lorsque la personne a trouvé, l'intervenant *ancre* cette ressource d'une façon auditive (par exemple, en disant : « Nous avons ici une *Ressource n° 1* »), visuelle (par exemple, en prenant un objet qui devient la *Ressource n° 1*) ou kinesthésique — après s'être assuré que cela convenait à son interlocuteur — (par exemple, en exerçant une légère pression sur son épaule ou son genou, et en nommant cette légère pression *Ressource n° 1*).

L'intervenant stimule ensuite cette « ancre » Ressource n° 1 en l'associant à l'expérience « 6 ans ».

Explication importante
Ce faisant, l'intervenant modifie le contenu de la mémoire* de son interlocuteur.

La résolution de la sensation de blocage de « 6 ans » par l'emploi de la *Ressource n° 1* (imaginons qu'il s'agit d'*oser demander* quelque chose à quelqu'un d'autre, une ressource que l'interlocuteur n'aurait réellement

---

* Dans le langage courant, le mot mémoire définit généralement *uniquement* le passé. Or, pour faire l'opération suivante : 8 × 2, votre mémoire a été sollicitée. Vous ne pouvez effectuer cette opération que par une succession de recours à votre mémoire. En effet, à peine avez-vous lu le premier chiffre qu'il est « stocké » dans votre mémoire. La même opération se produit avec les éléments suivants. C'est pourquoi je parle de « modification » de la mémoire.

acquise qu'après 40 ans) est produite par l'imagination de la personne de 50 ans, selon la suggestion d'*associer* ces deux souvenirs.

Ce qui constitue un véritable **changement de l'histoire personnelle** de l'interlocuteur.

Cette pratique, davantage détaillée dans les ouvrages spécialisés de PNL, peut nécessiter une série d'associations aux divers âges repérés (dans l'exemple, à 15 et 30 ans en plus de l'étape 6 ans, pour, bien sûr, terminer à 50 ans).

ETAPE 5

Un pont vers le futur

L'intervention proprement dite étant terminée, ce qui caractérise encore la façon de faire des Super-C°, c'est qu'ils agissent *comme si* leur expérience humaine des *bonnes intentions,* des *bonnes résolutions* concernant la résolution d'un problème ne se traduisait pas forcément dans les faits, dans l'action.

C'est pourquoi ils vont s'échiner, dans cette avant-dernière étape, à associer le changement atteint (changement présent), c'est-à-dire les déterminations prises par leur interlocuteur à la réalité future. Pour ce faire, ils vont inviter leur interlocuteur à décrire en termes sensoriels (c'est-à-dire en descriptions visuelles, auditives et kinesthésiques) les changements que ce dernier va *réellement* mettre en œuvre.

Exemple de cette description :
« Oui, je me vois en face de mon fils, dans sa chambre. Nous discutons. J'écoute son point de vue. Je m'entends donner le mien. Je nous entends éclater de rire à certains moments. J'entends nos expressions de satisfactions réciproques. Je me sens bien avec lui. »

Lorsque le thérapeute de Jean Durant entend un tel discours, avec les précisions données, et qu'il calibre (observe) les **micro-comportements** (les MCo) qui l'accompagnent — les micro-comportements sont les comportements physiques souvent très «légers» qui accompagnent des changements d'état —, il peut être sûr de ce que l'intervention a réussi et que Jean Durant pourra atteindre l'objectif qu'il s'est fixé.

ETAPE 6

Vérification écologique

Les Super-C° appellent «équilibre écologique» d'une personne ou d'un groupe l'équilibre qui règne autour d'eux.

Par prudence, ils vérifient si le changement que va opérer leur interlocuteur n'aura qu'un impact positif sur sa relation avec le milieu auquel il appartient.

Cela s'opère par la poursuite du dialogue entamé.

Comme nous le verrons plus loin, ce déroulement a donné naissance à un **Modèle Général d'Intervention** particulièrement pertinent dans de nombreux aspects de la vie collective et de la vie professionnelle.

CE QUE FONT ENCORE LES SUPER-C°

Comme je l'ai précisé au début du chapitre précédent, B&G ont observé que les Super-C° — et jusqu'à présent le rapport que je vous présente de ce travail s'est surtout effectué sur ces spécialistes de la relation d'influence que sont les « super » thérapeutes cités dans le premier chapitre — travaillaient selon un schéma, un « plan » d'intervention riche en démarches originales et efficientes.

Pour être complet, il faut encore ajouter quelques méta-caractéristiques* qui concernent leur façon souvent appelée « magique » de travailler.

L'emploi de métaphores

« Dans l'Athènes d'aujourd'hui, les transports en commun s'appellent *metaphorai* », nous dit Michel de Certeau. Est-ce un effet de la riche culture grecque ancienne qui fait appeler aussi poétiquement un bus ou

---

* « Meta » (en français, souvent écrit avec accent *Méta*) est un préfixe signifiant « ce qui dépasse » (comme dans *métaphysique*) ou « ce qui englobe » (comme dans *métabolisme*).

un train? Il est bien vrai que la métaphore est un moyen de déplacement. En tous les cas, pour l'esprit. Utiliser une métaphore, c'est plus précisément **transposer** une idée, une anecdote, un récit d'un domaine à un autre. Les communicateurs habiles utilisent ce procédé depuis la nuit des temps.

Transposer le fonctionnement d'un budget de ménage dans celui de l'Etat est une pratique métaphorique fréquemment utilisée pour justifier les dépenses d'un ministère. Comparer une réunion de travail à une croisière pour faire percevoir l'intérêt d'un commandement, d'un plan d'avancement, est une métaphore. Comme le sont bon nombre de fables, de contes. Les Super-C° y recourent lorsque l'intérêt d'adopter une « certaine conduite » n'apparaît pas avec évidence à leur interlocuteur.

L'emploi du modèle « Comme si »

Les enfants du monde entier seraient sans doute surpris de savoir que des messieurs « très sérieux » (comme ils doivent sûrement considérer les psychothérapeutes) en arrivent de temps en temps à utiliser la démarche fantaisiste la plus répandue dans leurs jeux de groupe.

« Et si on faisait comme si vous étiez capable de faire face à ce problème que vous jugez insurmontable, que se passerait-il ? » interrogent parfois les super-thérapeutes. Ah! Ils s'amusent à ça ? Comme les enfants « jouent » à Robin des Bois ou à Zorro! Et ça donne quoi?

Dans certains cas, la personne ainsi invitée à s'imaginer capable de résoudre un problème difficile crée, dans son esprit, une réorganisation nouvelle où elle découvre au moins la succession des étapes à franchir dans la résolution de son problème. Voilà pourquoi, plus tard, B&G appelleront tout simplement cette pratique le modèle « Comme si » (« As If Model »).

La flexibilité

La flexibilité n'est pas l'une des caractéristiques de la plupart de nos contemporains.

Les Super-C° se caractérisent, par contre, par une flexibilité réellement exceptionnelle, au sens littéral du terme.

Les Super-C° agissent — et ce, dans presque tous les milieux où la communication joue un rôle essentiel — en considérant la communication comme un processus **cybernétique** (comme nous le verrons au chapitre suivant). Retenons-en, pour l'instant, les principes suivants :

1. Quand un communicateur n'obtient pas le résultat obtenu, c'est qu'il doit changer quelque chose dans sa communication.

2. Il s'agit moins de considérer le récepteur comme « résistant » au message que de trouver une autre manière de l'émettre.

Ce qui fera dire à B&G dans leur célèbre « Frogs into princes », un titre qui est tout un programme pour les psychothérapeutes (« Faire des princes avec des crapauds » !) : « Si ce que vous faites ne marche pas, faites autre chose ! » Ce qui se trouve être la base même d'un comportement flexible.

L'accent sur les faits plutôt que sur les opinions

De très nombreuses études ont révélé que la grande majorité des Occidentaux passent plus de 50 % de leur temps de parole à émettre des jugements, des opinions sur la vie — et surtout — sur les autres !

Ce n'est pas le cas des Super-C° chez qui la majorité de ce qui est émis concerne des faits et des sentiments.

La discrétion

Ce qui aura fait dire des super-thérapeutes — et aujourd'hui de la PNL — qu'il y a moyen de changer sans souffrance provient notamment de ce que le thérapeute peut intervenir sur le «processus» de fonctionnement de son interlocuteur (ce que celui-ci «fait») sans la nécessité de révéler des informations précises au sujet des difficultés qu'il éprouve.

Je vous invite à relire la description du modèle «Changement d'histoire personnelle» à la fin du chapitre précédent en considérant que le problème majeur qui a amené cette personne de 50 ans est une sensation de gêne profonde à se montrer nue devant un partenaire potentiel.

L'intervention peut réussir sans que la personne concernée ne se sente «obligée» de parler du partenaire, de nudité, ni même de description des scènes difficiles vécues à 5, 15 ou 30 ans!

Présupposé de poids

C'est dans le *Gorgias* de Platon que l'on trouve exposé le paradoxe socratique «Nul n'est méchant volontairement». Cette phrase, extraite des *50 Grandes Citations philosophiques expliquées* de Anne Amiel (MS 99) semble avoir nourri la réflexion philosophique de base des super-thérapeutes, que B&G transformeront en un **présupposé** important de la PNL.

> **A l'origine de tout comportement, il y a une intention positive**

Un présupposé qui est souvent mal interprété et confondu avec une assertion que la PNL ne fait pas: «Dans tout comportement, il y a quelque chose de positif.»

Cela signifie qu'avant d'agir ou de réagir, tout être humain souhaite quelque chose de positif, ne fût-ce que pour lui-même.

« Quoi ? Vous vous rendez compte qu'en diffusant une telle opinion, vous acquittez tous les truands, tous les voleurs du monde ?
— Pas du tout, répondent B&G, tout d'abord parce que nous ne sommes pas magistrats. Ensuite parce que nous ne disons pas que cela excuse le comportement criminel. Nous disons que si un voleur vole une pomme, il est intéressant de considérer que le problème posé à la société réside davantage dans le comportement « choisi » — le vol — que dans l'intention de départ — qui est probablement de vouloir manger une pomme. »

En considérant les choses de cette façon, on peut penser :
1. qu'il peut être intéressant de signaler qu'il existe d'autres façons de satisfaire une intention;
2. que ces autres façons de faire (comportements) peuvent s'acquérir à presque tous les âges.

Ces considérations s'appuient également sur la foi en l'énorme potentiel qui réside en chacun, ce qui faisait dire à Karl Marx, qu'on a davantage cité pour ses conceptions d'organisation politique : « Faire de chaque enfant le petit Raphaël ou le petit Mozart qu'il porte en lui. »
   Aujourd'hui, un peu fatigués par les discussions souvent inutiles que leurs positions *humanistes* leur ont valu, bien des formateurs de la deuxième génération en PNL tranchent avec l'assertion suivante : « On ne vous demande pas de le croire et nous ne disons pas que nous avons raison, mais nous disons simplement que si vous agissez *« comme si »* à l'origine de tout comportement, il y a une intention positive, vous serez surpris par le caractère positif des résultats que vous obtiendrez ! »

Tout au long de l'intervention

Les Super-C° entretiennent le lien puissant créé avec leur interlocuteur par l'attention fine et particulière — appelée calibration — et par la synchronisation physique et verbale décrite au chapitre précédent.

Durée de l'intervention

Chez les super-thérapeutes qu'ils ont observés, B&G ont remarqué que l'ensemble des étapes décrites dans le chapitre précédent était généralement parcouru dans un temps allant de 15' à 120'.

Dans d'autres secteurs, comme par exemple la vente, il se peut que « l'intervention » ne prenne que quelques minutes.

4

UNE RÉORGANISATION FERTILE

Voilà. Nous savons maintenant ce que B&G ont observé, surtout chez des super-thérapeutes.

Et ce qu'ils ont observé, ils l'ont fait, je le rappelle, avec un projet : concevoir pour le monde psychothérapeutique des « modèles » pertinents. Ce n'est qu'un peu plus tard qu'ils ont considéré combien leur travail serait finalement aussi utile à bien d'autres secteurs de la vie.

A toutes les situations où des hommes et des femmes ont à se rencontrer pour travailler, pour échanger, pour communiquer, bref – pour **vivre ensemble.**

Ce qu'ils ont observé, ils l'ont également fait nantis de tous leur bagage culturel, riche en formations et en expériences diverses : mathématiques, informatique pour Richard Bandler ; linguistique, pour John Grinder. En psychologie, pour tous les deux.

Pour ébaucher leurs modèles, ils vont donc « retourner à **diverses sources** ».

Et pour comprendre ce qu'est la PNL d'aujourd'hui, je vous propose un « petit voyage » à travers ces sources, avec, à son terme, une présentation de synthèse de cette **réorganisation fertile** de ces sources, enrichie des observations faites auprès des super-thérapeutes.

N'étant pas spécialiste de l'histoire des sciences, je rappelle que l'objectif de cet ouvrage est davantage de fournir à un public non spécialiste une vue correcte sur cette discipline qu'un outil pour épistémologistes.

Je propose donc d'aborder ce chapitre par une présentation graphique de ces sources se dirigeant vers ce « delta fertile » qu'est la PNL.

LES SOURCES

psychologie
- Freud et psychanalyse
- Pavlov et « stimulus-réponse »
- Miller, Galanter, Pribam « T.O.T.E. »
- Maslow et théorie des besoins humains
- C. Rodgers et congruence, empathie
- F. Perls et Gestalt Therapy
- V. Satir et Thérapies familiales
- M. Erickson et ses modèles puissants, dont hypnose éricksonnienne
- E. Berne et Etats du Moi
- Mouvement du Potentiel humain
- Ecole de Palo Alto

neurologie
- systèmes de perception
- systèmes de représentation
- ancrages

linguistique
- N. Chomsky et structures profonde et de surface
- A. Korzybski et Sémantique Générale (Carte du Monde)

mathématiques
- cybernétique, informatique, notions de « modèles » et de feed-back

apports
- Kepner-Treggoe Techniques de Résolutions de problèmes

divers
- Méthode Coué
- Techniques de Créativité

philosophies
- classiques et orientales

ET LE DELTA FERTILE DE LA PNL

> Réorganisation fertile
> de ces données +
> apports originaux =
> Programmation
> Neuro-Linguistique

Applications

stratégies de communication et
d'excellence dans :

→ **vie quotidienne**
→ **psychothérapie**
→ **enseignement**
→ **vie professionnelle**
→ **négociation** (politique et affaires)
→ **organisations**

Les sources en psychologie

1. S. Freud

« A tout seigneur, tout honneur. »
Sera-t-il encore possible de « faire » quoi que ce soit en psychologie sans se référer au génial père de la psychanalyse*? Sans doute que non.

Freud a le grand mérite d'avoir observé — et surtout d'avoir osé proclamer — que la plus grande part de ce qui pousse l'être humain à agir, échappe à sa conscience. En nommant (en donnant un nom à) cet **inconscient** et en proposant des méthodes d'investigation pour le « connaître », il a ouvert une voie extraordinaire de connaissance du fonctionnement humain.

La PNL, comme toutes les écoles de psychologie récentes, est, à jamais, reconnaissante envers le grand penseur viennois.

Pour sa pratique, elle recommande davantage de **considérer la réalité inconsciente** plutôt que d'investiguer dans l'interprétation de ce qui, finalement, n'a intérêt à être connu que de la personne elle-même.

En langage courant, la PNL nous dit: « Œuvrons avec ce qui est disponible à nos consciences, en **sachant** qu'une partie inconsciente des êtres nous échappe. »

2. Pavlov

L'autre seigneur, incontournable — comme il faut dire aujourd'hui — de la psychologie de ce début de XXe siècle, n'est autre que I. Pavlov.

---

* Voir P. Daco, *Les Triomphes de la psychanalyse*, Marabout Service n° 29.

Pendant plusieurs décennies, ses concepts offriront la réponse la plus fréquente à la question « Qu'est-ce qui fait agir l'être humain ? ». Avec le behaviorisme et sa réponse du concept « stimulus-réponse », les scientifiques pensent avoir cerné une dimension essentielle de la réalité humaine.

Une partie de ce concept conserve toute son actualité. C'est celle qui va participer à l'élaboration de la PNL.

3. Miller, Galanter et Pribam

En 1960, Georges Miller, Eugène Galanter et Karl Pribam publient un ouvrage *(Plans and the Structure of Behaviour)* qui secoue le petit monde du *comportementalisme*, cette école de psychologie qui veut cerner le concret du comportement humain.

La PNL leur emprunte ce concept riche, héritier de la boucle « réflexe » (elle-même héritière du concept « stimulus-réponse ») qu'est le T.O.T.E. (abréviation pour Test-Opération-Test-Exit).

Cette référence est enseignée dans les formations approfondies de PNL.

Elle va servir très utilement à l'édification de la notion de *stratégie* (développée ci-dessous).

Des travaux de Miller (1957), la PNL va retenir la très intéressante observation selon laquelle notre cerveau ne peut *percevoir* à la fois que 7 ± 2 éléments. Cela veut dire que nous pouvons percevoir en même temps des éléments visuels — externes ou internes (un élément visuel interne est une image mémorisée, un souvenir visuel), des éléments auditifs — internes ou externes (un élément auditif interne est un dialogue avec soi-même, ou des paroles pas encore prononcées que l'on prépare, ou encore, des sons pas encore entendus, fictifs), des éléments gustatifs, olfactifs ou kinesthésiques — externes ou internes (internes pour mémorisés).

4. Maslow

Bien qu'ils ne s'y réfèrent pas directement dans leurs écrits (G. Laborde donne F. Perls comme initiateur), c'est bien A. Maslow qui est devenu la référence incontournable en matière de besoins humains.
Je rappelle ici l'essentiel de ses travaux.

Le grand intérêt des travaux d'A. Maslow, c'est d'avoir pu dégager, identifier un certain nombre de besoins propres au monde occidental* et particulièrement intéressants pour le monde du travail.
Le principe de hiérarchie s'applique à la désormais célèbre **pyramide des besoins.** A savoir : un besoin nouveau (supérieur) n'émerge que lorsque le (ou les) besoin(s) inférieur(s) a(ont) été relativement satisfait(s).

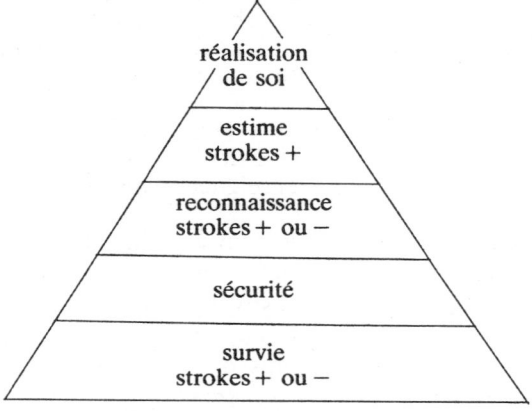

Pour se faire comprendre, Maslow imagine un homme d'affaires voyageant en avion d'un continent à l'autre, ce qui lui permet d'assurer largement sa survie et sa sécurité, et aussi de méditer sur les beautés de l'art roman, ce qui est l'un de ses centres d'intérêt.

---
* Les disciples de Maslow étudient actuellement le caractère universel des travaux de leur maître.

Notre homme se trouve ainsi occupé à méditer — et donc à satisfaire son besoin de réalisation de lui-même, sommet de la pyramide.

Survient un accident technique et le commandant de bord annonce un atterrissage forcé! A quel «étage» de la pyramide pensez-vous que vont se situer les préoccupations de notre homme d'affaires dans les minutes qui suivent?

1. *Le besoin de survie*

L'être humain a d'abord besoin de survivre (besoin d'air, de sommeil, de protection contre la nature, de nourriture, de boisson, de reproduire l'espèce, etc.).

Un autre besoin fondamental est moins connu: le besoin de *strokes*. En l'absence de strokes, le système nerveux (et plus particulièrement la moelle épinière) peut se «flétrir».

On appelle **stroke** une unité de contact humain. On peut le comparer à la calorie, qui est une unité alimentaire. Nous savons que nous avons besoin, en moyenne, d'un certain nombre de calories par jour.

Il peut y avoir des fluctuations d'un jour à l'autre. Tous les aliments ne donnent pas la même quantité de calories. Il importe donc de trouver notre compte au travers de la variété des aliments.

De même, nous avons besoin d'une certaine quantité de contacts pour survivre.

Certains sont (comme les calories) pauvres en strokes (un simple regard dans la foule, un «Bonjour» rapide, etc.).

D'autres sont moyens (échange d'informations professionnelles, discussion courte, etc.).

D'autres sont riches en strokes (conversation longue, jeu de plaisir, intimité, longue discussion d'opposition, dispute, etc.).

L'Analyse Transactionnelle distingue les **strokes positifs** (+) (valorisants) des **strokes négatifs** (−) (dévalorisants).

- **Strokes positifs :** expression de considération, d'affection, remarques valorisantes, jeux de plaisir, etc.

- **Strokes négatifs :** remarques désobligeantes, déconsidération, insultes, etc.

2. *Le besoin de sécurité*

Il s'agit, pour l'être humain, d'organiser sa vie de manière à garantir sa survie : c'est le besoin de sécurité.

3. *Le besoin de reconnaissance*

C'est le besoin de savoir que l'on compte pour les autres.
   Pour satisfaire ce besoin, les strokes (+ ou −) sont l'aliment premier.
   L'être humain va faire beaucoup pour l'obtenir.

4. *Le besoin d'estime*

C'est le besoin de recevoir, de certaines personnes de son entourage, des signes de reconnaissance positifs, des strokes positifs.

5. *Le besoin de réalisation de soi*

C'est le besoin d'affirmer d'une manière personnelle son caractère tout à fait unique, de réaliser ses potentialités, ses dons. De donner à ce qu'on fait (et ce peuvent être les choses les plus simples) sa touche personnelle.

5. C. Rodgers

Même remarque que pour A. Maslow (G. Laborde en accorde encore une fois la «parenté» à F. Perls). Mais le véritable initiateur de la notion de **congruence** n'est autre que Carl Rodgers, «père» (reconnu) de la non-directivité comme pratique thérapeutique, laquelle exige, selon lui, un haut degré de congruence de la part du praticien.

La congruence, c'est le caractère intègre avec lequel l'intervenant travaille — c'est-à-dire l'harmonie entre ce qu'il déclare et ce qu'il fait.

Du côté de la psychologie du potentiel humain

C'est sous la houlette de psychologues comme A. Maslow et C. Rodgers que s'est développé ce qu'on a appelé tantôt *Mouvement du Potentiel Humain*, tantôt *Psychologie humaniste*. Ce mouvement est né d'une certaine rupture avec les courants psychanalytiques — considérés comme assez fatalistes (l'homme est guidé par des forces qu'il ne peut pas maîtriser) et les courants behavioristes — considérés comme assez déterministes (l'homme est une marionnette, menée par les circonstances).

Le Mouvement du Potentiel Humain considère qu'il existe un important potentiel — avec la PNL, nous dirons surtout de **ressources** — chez les humains et que ce potentiel peut, à tout âge, être activé (ou réactivé).

Comme déjà dit plus haut, la PNL s'est surtout enrichie de la pratique et des apports théoriques de certaines personnalités dominantes de cette école.

Je pense qu'il y a beaucoup de chances que, dans leurs vieux jours (ils ont encore le temps!), B&G écrivent un ouvrage consacré à ce que leur ont apporté chacun de ces thérapeutes exceptionnels. Et dès lors, pour ma part, je ne vais que survoler très brièvement la liste de leurs apports. D'autant plus qu'il me faudra y revenir dans la suite de cet ouvrage.

6. F. Perls

Frédéric Perls est le père de la *Gestalt Therapy*, une «voie» de psychothérapie qu'il a créée seul, et dont l'enrichissement est très important dans le foisonnement des écoles thérapeutiques nées à partir des années 50.

La Gestalt Thérapie se caractérise par l'accent mis à proposer une unité de l'être, une unité qui intègre toutes ses dimensions et par divers outils thérapeutiques conçus par son génial créateur. R. Bandler s'est formé à la pratique thérapeutique au contact de Fritz Perls. La PNL a surtout intégré, pour sa propre pratique, le concept des dialogues existants entre plusieurs parties d'une même personne.

7. V. Satir

C'est surtout en observant Virginia Satir que B&G ont développé la notion de **synchronisation** comme moyen d'établir un lien puissant entre ses patients et elle-même.

8. M. Erickson

Bien que mort en 1980, Milton Erickson (il existe un homonyme connu en psychologie, Erik Erikson) demeure incontestablement, aux côtés de F. Perls, une figure quasi «légendaire» de l'intervention psychothérapeutique américaine. C'est sans doute lui qui a développé la pratique la plus «magique» parmi les super-. thérapeutes observés par B&G.

Ses apports sont multiples pour l'édification de la PNL.

G. Laborde retient surtout *sa* façon de créer un lien puissant (qui facilite l'expression de l'inconscient), son utilisation de l'ancrage et de la métaphore.

9. L'assertivité

Cette école d'Affirmation de Soi* propose des Techniques pour faire face aux autres sans agresser, manipuler ou s'effacer. Sans «paternité» affirmée, elle est née de l'intention du gouvernement américain d'offrir aux minorités (d'abord raciales, mais bien vite, d'autres minorités se sont emparées des Techniques d'Assertivité** : féministes, syndicats, etc.) des moyens de s'affirmer dans leur spécificité.

La PNL a plus particulièrement «intégré» les techniques dites de l'Enquête positive et de l'Edredon.

La Technique de l'Enquête positive est une méthode pour faire face avec une rigueur positive aux critiques et aux objections. La Technique de l'Edredon est une méthode simple qui consiste à «souligner», face à un interlocuteur qui émet des *jugements* la différence entre des *faits objectifs* et des *opinions*.

10. E. Berne

Eric Berne est le concepteur génial de l'Analyse Transactionnelle***. Je rappelle que la volonté de Berne a été de proposer à un large public des notions de psychologie, dans un langage volontairement simple mais pertinent. Ces notions sont rassemblées dans une dizaine de grilles d'analyse de la personnalité et des relations (les transactions) que les humains échangent entre eux. C'est évidemment de l'existence de trois parties distinctes et reconnaissables par chacun — les **Etats du Moi** — que la PNL a tiré parti.

---

* Voir *Oser être soi-même*, même auteur, Marabout Service n° 2002.
** C'est pour bien distinguer l'Assertivité ou Affirmation de Soi (A̲) de ce que la Sémantique Générale définit comme étant la «logique non-Aristotélicienne (laquelle s'écrit par convention avec un Ã coiffé d'une barre horizontale) que j'ai choisi de souligner ce A dans cette acception.
*** Voir *L'Analyse Transactionnelle*, Marabout Service n° 35.

Y A-T-IL UNE ARAIGNÉE AU PLAFOND ?
LES APPORTS DE LA NEUROLOGIE

Et dès que j'eus reconnu le goût du morceau de madeleine trempé dans le tilleul que me donnait ma tante (quoique je ne susse pas encore et dusse remettre à bien plus tard de découvrir pourquoi ce souvenir me rendait si heureux), aussitôt la vieille maison grise sur la rue, où était sa chambre, vint comme un décor de théâtre, s'appliquer au petit pavillon donnant sur le jardin, qu'on avait construit pour mes parents sur ses derrières (ce pan tronqué que seul j'avais revu jusque-là); et avec la maison, la ville, depuis le matin jusqu'au soir et par tous les temps, la Place où on m'envoyait avant déjeuner, les rues où j'allais faire des courses, les chemins qu'on prenait si le temps était beau. Et comme dans ce jeu où les Japonais s'amusent à tremper dans un bol de porcelaine rempli d'eau, de petits morceaux de papier jusque-là indistincts qui, à peine y sont-ils plongés, s'étirent, se contournent, se colorent, se différencient, deviennent des fleurs, des maisons, des personnages consistants et reconnaissables, de même maintenant toutes les fleurs de notre jardin et celles du parc de M. Swann, et les nymphéas de la Vivonne, et les bonnes gens du village et leurs petits logis et l'église et tout Combray et ses environs, tout cela qui prend forme et solidité, est sorti, ville et jardins, de ma tasse de thé.

Marcel Proust. — *Du côté de chez Swann.*

« Y a-t-il une araignée au plafond ? »

Telle est la question que vous seriez en droit de poser lorsque, ayant demandé à quelqu'un (qui est droitier) quelle était la couleur des yeux de son père, vous constatez que les yeux de votre interlocuteur — en face de vous — se dirigent vers le plafond, légèrement vers la droite (pour vous).

Ce mouvement des yeux, comme pratiquement tous les mouvements que nous pouvons faire avec nos yeux, ne se fait pas au hasard. Pour les droitiers — c'est l'inverse pour les gauchers affirmés —, toute question amenant une personne à rechercher « dans sa tête » un souvenir *visuel* — on dira une information visuelle *mémorisée* — entraîne, par automatisme neurologique, un déplacement des yeux vers le haut et la droite*.

Comme ceci :

Par contre, lorsque nous demandons à notre interlocuteur d'imaginer sa porte d'entrée lorsqu'il l'aura repeinte dans une couleur nouvelle, l'orientation que prendront ses yeux sera vers le haut, à gauche. Comme ceci :

---

* Par convention, ces observations sont décrites du point de vue d'un observateur qui se trouve en face de la personne observée.

B&G ont observé que M. Erickson et V. Satir, entre autres, étaient attentifs aux **mouvements oculaires** de leurs interlocuteurs. Avant d'en tirer des conclusions, ils ont demandé à des neurologues de procéder à l'étude scientifique de ces mouvements oculaires. Et cela a donné le résultat surprenant que voici (voir encadré ci-après).

Commentaire :
Les mouvements des yeux d'une personne indiquent quelle opération se passe dans son cerveau.

Attention! Du point de vue neurologique, quelque chose devient du passé après quelques centièmes de seconde.

Ces mouvements d'yeux dépendent donc de connexions neurologiques fines existant entre notre cerveau et nos yeux.
 Nous venons de voir quelles informations elles donnent dans le contexte d'une communication.
 Bien sûr, lorsque les yeux de notre interlocuteur montent vers le haut, à gauche, nous apprenons que celui-ci *construit* une image dans son cerveau — mais cela ne nous dit évidemment pas laquelle. Mais l'acquis est déjà important.
 Les Super-C° utilisent (je le rappelle encore une fois : la plupart le faisaient avant la PNL ... presque sans le savoir) les indications que fournissent les mouvements oculaires comme éléments parmi d'autres leur apportant des indications sur ce qui se passe dans l'esprit de leur interlocuteur.
 Ils les emploient notamment pour vérifier l'application que leurs interlocuteurs font de leurs suggestions.

Exemple :
THÉRAPEUTE : « Comment vous imagineriez-vous en réussissant cette chose-là ? »
CLIENT : « Ben... eeh... ee... » (en baissant les yeux vers le bas).

Lorsqu'une personne pense, réfléchit, le mouvement de ses yeux traduit les opérations mentales qui sont à l'œuvre, de la façon suivante :

Yeux en haut, à gauche
« invente », construit une image

Yeux en haut, à droite
voit quelque chose déjà vu

Yeux au milieu, dans le vague
image construite ou déjà vue

Yeux au milieu, à gauche
« invente » une voix, un son

Yeux au milieu, à droite
entend des sons déjà entendus

Yeux vers le bas, à droite
se parle à soi-même

Yeux vers le bas, à gauche
éprouve des sensations, des émotions

Ces visages sont vus par l'observateur

THÉRAPEUTE : « On dirait que vous ressentez quelque chose d'important ? »

Le thérapeute poursuit son intervention en étant en contact avec la réalité. On peut imaginer ce qui se passe s'il *croit* que sa suggestion a été suivie par son client, sans vérification*.

Ces mouvements d'yeux appartiennent à une catégorie de mouvements neurologiques tellement discrets, peu visibles par un œil non attentif — aujourd'hui, je dirai non exercé — qu'on appelle catégories de comportements (il s'agit de prendre conscience que ce sont bien des comportements à part entière) des **micro-comportements.**

Les micro-comportements

La neurologie en a repéré d'autres, et B&G se sont rendu compte, une fois de plus, que certains Super-C° s'y montraient attentifs. Il existe en effet une foule de micro-comportements qui, tous, révèlent que quelque chose est « en train de se passer » dans l'esprit de la personne que l'on a en face de soi. Encore une fois, certains sont connus — et même bien connus — du grand public.

Par exemple, lorsqu'une personne rougit. Il s'agit bien souvent d'un apport de sang soudain dans les joues, généralement en rapport avec une émotion vécue.

Une autre de ces expressions, bien connue, est le sourire ou une grimace produite avec les lèvres. Mais où commence le sourire ? Est-il possible de définir d'une façon bien précise à quel moment « commence » un sourire ? Et si on détenait cette réponse pour un sujet, serait-elle valable pour tous ? Nous savons bien que non.

---

* Encore une fois, je rappelle l'« esprit » dans lequel s'est édifiée la PNL. Je ne dis pas que la manière décrite soit la seule par laquelle un bon thérapeute puisse agir.

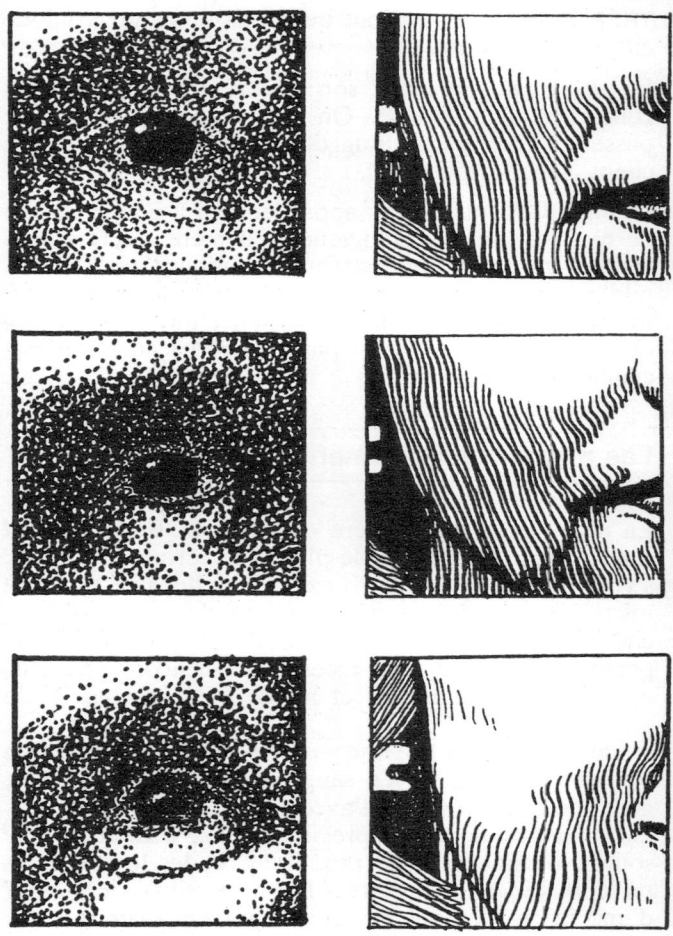

Les Super-Communicateurs prennent en considération des micro-comportements, tels que les changements de taille des pupilles, ou les variations de pigmentation de la peau.

Un sourire est **un déplacement très progressif** des commissures des lèvres. Il existe donc théoriquement un moment Non-Sourire où les lèvres sont à l'horizontale et un moment Sourire Affirmé. En observant les Super-C° à l'œuvre, et en s'appuyant sur des travaux de neurologie, B&G sont arrivés à la conclusion qu'il existait des états transitoires entre les états neutres et les états affirmés de certaines parties du corps — surtout le visage — dans lesquels se produisent ce qu'ils ont appelés les micro-comportements.

D'autres exemples encore : la rougeur de la peau ou un geste infime du genou.

Ce qu'on peut en dire aujourd'hui : tout notre corps communique en permanence par des paroles (ça, il y a longtemps qu'on le sait ! Mais on a longtemps considéré la parole comme étant le seul moyen de communication), des attitudes du corps et des gestes. Parmi eux-ci, les micro-comportements dont on sait seulement — mais c'est un apport ô combien appréciable — qu'ils correspondent à une activité psychologique de la personne observée.

Etre dans un certain Etat

De leurs recherches en neurologie, B&G ont encore « ramené » un concept particulièrement intéressant : celui d'**Etat Neurologique.** A tout moment de sa vie, un individu se trouve dans un certain Etat* neurologique. Une certaine *manière d'être* sur les plans physique et psychique.

Tous, nous avons connu des moments exaltants, jubilatoires, positifs dans lesquels nous avions la sensation d'être en pleine possession de nos moyens. La PNL appelle ce type d'état un **Etat de Ressource.**

---
* Cet emploi du mot Etat est sans rapport avec celui d'Etat du Moi, en Analyse Transactionnelle.

A d'autres moments, nous sommes tout simplement dans ce que, faute de vocabulaire scientifique complexe, il faut appeler un Etat normal*. Nous nous y trouvons la plupart du temps pour vaquer à nos occupations. La PNL a observé que ce que réussissent de remarquable les super-thérapeutes, c'est de ré-activer, de renforcer l'Etat de Ressource (j'abrégerai désormais en EdR) de leur interlocuteur.

Nous avons tous ce qu'on appelle une **physiologie de ressource.** Notre corps a en mémoire (vous savez que chaque cellule du corps a aussi sa mémoire) comment nous étions physiquement dans une situation de pleine possession de nos moyens, lorsque nous étions dans un EdR.

La PNL vous propose cette assertion forte — aux conséquences inouïes :

> Tout individu a connu des Etats de Ressources qu'il peut à nouveau connaître sur simple décision de volonté.

Il s'agit pour cela de se remémorer les composantes de notre physiologie (corps et esprit) de ressource dans lesquelles nous étions lorsque nous nous trouvions dans un EdR.

Comme certaines de ces composantes n'ont pas encore été décrites, je reviendrai sur la manière de réatteindre un EdR dans la deuxième partie.

Pour « normaliser » son vocabulaire, la PNL a souligné les concepts de :

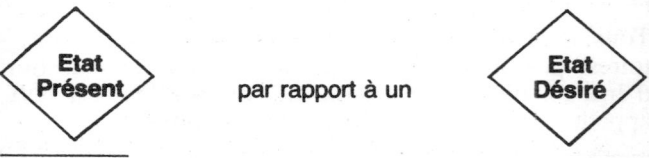

---
* Curieux ! L'état « normal » n'a jamais beaucoup intéressé les savants !

Importance de nos systèmes sensoriels

Nous avons cinq sens, apprend-on dans les manuels scolaires.

On n'insiste peut-être pas assez sur le fait que tous les liens, tout ce qui se passe entre l'extérieur de notre personne et nous-mêmes «passe» par ces «canaux» qui relient notre cerveau aux autres, au monde.

Comme le rappelle Henri Laborit, même nos *émotions ne sont que mémoire,* c'est-à-dire du revécu d'un souvenir agréable ou désagréable.

Donc, tout ce que nous vivons, tout ce que nous aimons, tout ce que nous savons est «entré» dans notre tête, via nos sens.

Si quelque chose de ce livre vous restera en mémoire, c'est par la lecture (donc la vue) que cela aura pénétré jusqu'à votre cerveau, siège de la mémoire (voir plus loin). Beaucoup de choses que nous savons ont pénétré dans notre cerveau via notre système auditif. Tout ce que nous avons entendu depuis notre naissance — et peut-être même avant, comme nous le savons aujourd'hui.

D'autres choses un peu moins nombreuses dans notre civilisation occidentale — par nos systèmes olfactif (les senteurs, les odeurs) et gustatif (les choses que nous avons *goûtées* avec notre bouche).

Le système tactile (le toucher) est également devenu un parent pauvre dans la société occidentale. Ce qui n'est pas le cas dans certaines autres ethnies.

Le système kinesthésique, grand oublié jusqu'à présent

Quand je dis grand oublié, je veux parler de son étude par les scientifiques.

Comme l'étude de ce système relève de la médecine, on peut comprendre qu'il y avait d'autres choses plus urgentes à maîtriser.

Le système kinesthésique est l'ensemble assez subtil du système nerveux qui repose sur nos viscères, nos glandes, nos hormones et nos systèmes prioperceptifs.

Un ensemble qui nous fait éprouver ce qu'on appelle des émotions, des sens.

Le souvenir de nos émotions va, lui aussi, se «graver» dans notre mémoire.

C'est notre système kinesthésique qui nous fait éprouver des sensations, dont cette sensation fondamentale : **se sentir bien** («bien dans sa peau» ou «se sentir lourd, pas en forme» comme on l'exprime alors dans le langage courant).

Les quadruplés

Etant donné la prédominance de quatre systèmes sensoriels dans notre vie active, la PNL leur accorde la place qu'ils méritent.

B&G vont les utiliser dans l'édification de la PNL, comme éléments d'une «grammaire de base».

LES SYSTÈMES SENSORIELS DOMINANTS

V	A	K	O/G
Système visuel (vue) regarder ce livre, le monde, les autres	Système auditif (ouïe) entendre les sons, le monde, les autres	Système kinesthésique (plusieurs parties du corps) ressentir, réagir au monde, aux autres	Systèmes olfactif (odorat) et gustatif (goût) Les odeurs et le goût des choses

Nous avons un ou deux systèmes préférentiels

Pour des raisons liées à notre histoire personnelle, chacun de nous privilégie davantage un système de représentation.

Certains parlent beaucoup avec eux-mêmes — et quand ils parlent aux autres, on les entend beaucoup dire : « Je me suis dit... C'est une chose bien entendue entre nous. » Leur système de représentation Auditif est prédominant.

Pour d'autres, ce sera le système kinesthésique. Ils ressentent davantage la vie et les gens. On les entendra beaucoup dire : « Si je sens bien ce dont il est question... »

D'autres, enfin, se signaleront par la prédominance de leur système Visuel. On les entendra souvent dire : « De mon point de vue... »

Certaines personnes semblent utiliser avec autant de facilité deux systèmes de représentation : les « couplages » de ce type sont souvent V/A, A/K.

PNL et fonctionnement du cerveau

Le cerveau est un septième continent.

Dans le sens où, depuis le début de ce XXe siècle, il est la Terre Inconnue où se précipitent de très nombreux chercheurs.

La PNL leur doit beaucoup.

C'est dire que, sur ce terrain délicat où les découvertes se bousculent d'année en année, je ne vais pas m'aventurer à vous rapporter exhaustivement toutes les contributions auxquelles B&G sont redevables.

Il existe aujourd'hui pléthore d'ouvrages spécialisés, et — pour ne pas risquer d'alourdir celui-ci —, je m'en tiendrai strictement à ce qui est indispensable au propos du présent ouvrage.

Cette « masse nerveuse contenue dans le crâne de l'homme » est riche — selon les derniers recensements

— de 30 milliards de neurones, qui sont les cellules du cerveau.

Le cerveau d'une personne est en relation complète avec tout ce qui vit, tout « ce qui se passe » en elle et possède la capacité d'être en relation avec beaucoup de choses « qui se passent » dans un environnement plus ou moins proche.

Le cerveau ne connaît pas beaucoup de repos. Il « travaille » même pendant notre sommeil, comme nous le savons tous. (Seule la pratique assidue de la **Méditation Zéro*** permet d'offrir à son esprit ce « royal cadeau » : un moment de repos assez complet.)

Le principal de son alimentation provient de l'oxygène, qu'il réclame plus que toute autre partie du corps. (Entretenir son cerveau par une bonne oxygénation semble avoir été de tout temps une préoccupation des grands esprits.)

10 millions de kilomètres de zéros

Telle est la distance qu'il faudrait couvrir de zéros pour représenter le nombre de connexions possibles pour notre cerveau. (Y songez-vous parfois, MM. les dictateurs, à ce dont vous allez priver la Terre, en décrétant que tel ou tel conflit armé se justifie ?)

Ces possibilités de connexions créent une organisation tout à fait *unique* pour chaque individu (de par ses expériences et les connaissances qu'il a acquises).

> **La connaissance de cet énorme potentiel de richesse devrait constituer une *base éthique* pour établir le caractère *sacré* de toute vie humaine.**

Je ne sais plus qui m'a dit cela, mais il l'a bien dit.

---

* Voir 3e partie, p. 266.

Les grandes fonctions du cerveau sont :

● le maintien en fonctionnement de l'organisme (accès très difficile à la conscience);

● le traitement des informations que transmettent les « canaux » sensoriels (dont une partie est accessible à la conscience) pour réagir, pour agir.

Pour les spiritualistes, il faut encore ajouter l'information selon laquelle c'est la glande pituitaire qui serait le siège de notre « âme », laquelle pourrait être l'étincelle qui nous « relie » à l'Intelligence Cosmique, à la Force Créatrice de l'Univers (ou un autre nom, selon la culture qui nous a formés).

Tout ce qui entre dans notre cerveau (y compris la lecture de ce **mot** précis) va s'y enregistrer sous forme mémorisée. Dire « Je n'ai pas de mémoire » est toujours une erreur. Tout au plus devrait-on dire à la personne que l'on rencontre après vingt ans : « Je suis désolé. Je ne me souviens plus — à l'instant — de votre nom ! »
  La mémoire humaine n'a pas d'effaceur.
  Deux minutes avant de mourir, le cerveau de l'homme de 98 ans contient encore le souvenir de la sensation tactile et gustative du sein de sa mère.

Ce qui **appartient** à l'homme, c'est d'organiser les connexions entre les 30 milliards de neurones dont il dispose.
  De l'organisation de ces connexions va dépendre :
— la mémorisation des données et ce qu'on nomme **l'intelligence** d'une personne.
  Pour organiser ces connexions, il faut — malgré le nombre astronomique de possibilités — **sélectionner** à quoi nous allons « utiliser » nos capacités de mémoire*

---

* La mémoire est de plus en plus considérée comme une fonction des cellules, cérébrales *mais aussi* musculaires, nerveuses, etc.

(donc les choses se passent «comme si» nous choisissions ce à quoi nous allons «activer» notre mémoire et ce que nous allons «oublier»).

Notre cerveau est une énorme banque de données

Je sais par expérience qu'il existe des gens qui sont choqués par cette expression, parce qu'elle fait penser au langage de l'informatique.

Si vous en êtes, je vous invite à considérer que c'est l'homme qui a inventé l'informatique pour se débarrasser des tâches les plus fastidieuses et les plus ingrates du traitement de l'information.

Et, dès lors, on peut considérer, avec autant de poésie que par le passé, l'énorme banque de données, l'énorme réservoir d'informations qu'est notre cerveau.

Vous rechignez? Songez donc à trouver ailleurs que dans votre cerveau l'image, le souvenir de la senteur, et peut-être du piquant d'une rose...

Ce que contient notre cerveau y est donc «entré» par les «canaux sensoriels V, A, K, O et G.»*

C'est-à-dire surtout des images, des sons, des sensations, des souvenirs.

Je dis des souvenirs, parce que la plus grande partie des informations contenues dans nos cerveaux y sont en fait mémorisées.

---

* Par convention, on écrit VAKO.

Notre tête éclaterait si les choses devaient y entrer

«La carte n'est pas le territoire» disait Korzybski, le génial fondateur de la Sémantique Générale — Nous verrons un peu plus loin pourquoi le considérer comme génial.

Heureusement pour nous, dans notre cerveau n'entrent que des **représentations** de la Réalité. Sinon, au lieu d'avoir une image de votre maison dans la tête...

Cette affirmation peut paraître être une lapalissade, mais nous verrons plus loin que les hommes peuvent se battre et s'entretuer parce qu'ils ont en tête une représentation différente de la même réalité. (Pensez aux nombreuses guerres entre factions prétendant chacune être détentrices de la Vérité. Certains philosophes pensent même que les hommes ne se battent que pour cela!)

Par ses sens, l'homme peut, évidemment, comme la majorité des être vivants, être en rapport direct (ici et maintenant) avec ce qui se passe autour de lui. Il peut voir ceux qui l'entourent, parler avec eux, éprouver toutes sortes de sensations provoquées par son environnement humain et naturel.

Mais une capacité qui fait de l'homme le roi de la Création, c'est que, si son cerveau peut mémoriser autant d'informations (ça aussi, les animaux et certaines plantes peuvent le faire), il peut aussi en créer. Des images, des sons, des paroles, des sensations qui n'ont pas encore existé — ça, seul le cerveau humain peut le faire. (Les philosophes trouveront matière à méditer combien cette faculté est à la fois source de bonheurs et de malheurs pour l'homme.)

L'essentiel de l'activité cérébrale humaine consiste donc :
1. à prendre contact avec la réalité présente via nos cinq sens;
2. à rechercher des représentations VAKO mémorisées;

3. à façonner des représentations VAKO «imaginaires».

Et un super-ordinateur

C'est l'ordinateur qui «traite» les données, les informations. Qui les compare. Qui peut faire des calculs compliqués très rapidement.

Pour «savoir ce qu'il doit faire», l'ordinateur a besoin de *programmes* — mis au point par les hommes.

Dans notre cerveau, la Nature a prévu des programmes. Comme au sein de tous les organismes vivants — si ce n'est au sein de toute la matière, des particules aux Supernovae.

Les progrès d'une civilisation permettent la sophistication, l'évolution des programmes d'un individu par les affinements progressifs.

Au début de l'histoire humaine, ces programmes ne servaient qu'à satisfaire les fonctions de survie pour en arriver vers cette fin de millénaire à concevoir des engins sophistiqués capables d'explorer l'espace infini des étoiles et l'espace fini de notre propre cerveau.

Mais l'homme — et c'est peut-être l'une de ses plus grandes libertés — a évolué de progrès en progrès de l'intelligence.

Il en est arrivé aujourd'hui à reconnaître les programmes «naturels» dont son cerveau est équipé et, surtout, à concevoir, par lui-même, de nouveaux programmes.

Nous verrons, plus loin encore, comment la PNL a développé un concept riche, analysant une séquence de programme appelée **stratégie.**

En résumé, nous retiendrons pour notre propos que :

> **Le cerveau est comparable à un super-ordinateur* qui traite en permanence des représentations VAKO d'informations :**
> — **en contact direct avec la réalité**
> — **en provenance de *nos* mémoires cérébrales et corporelles ou construites (imaginées)**
>
> **C'est le traitement efficient de ces réalités qui fait l'intelligence.**

Il est un élément propre à l'homme qui est à la fois cause d'enrichissement, mais aussi de complication pour le traitement efficient** de ces représentations : **le langage.**

---

* Affirmer cette phrase à l'envers est plus proche de la réalité.
** Un système *efficace* est un système « qui marche » bien ; un système *efficient* est un système qui « donne le meilleur rapport possible ».

L'ancrage

Vous avez sûrement déjà observé des personnes qui « frémissent » lorsqu'elles entendent leur hymne national. Ou encore, d'autres qui prennent peur à la vue d'un uniforme. Ou enfin, des personnes qui se mettent en colère lorsqu'on prononce le nom de quelqu'un.

Pourquoi ce qui n'est que notes de musique, un morceau de tissu ou un mot, produit-il de tels effets?

Parce que ce sont des **ancres neurologiques.**

● Une **ancre**, c'est une connexion neurologique entre un stimuli et un *type de représentation VAKO* qui y a été associé, à un moment donné. C'est donc parce qu'existe cette connexion neurologique — donc cette *ancre* :
— qu'un hymne national provoque un frisson;
— que la vue d'un uniforme provoque un sentiment de peur;
— que le seul nom d'une personne provoque les sentiments liés au souvenir de cette personne.

Nous sommes donc riches de quantités d'ancres qui nous sont propres (qui appartiennent à notre histoire).

● On appelle **ancrage** l'action par laquelle on établit des ancres. Certains ancrages sont volontaires, d'autres sont inconscients. Certains sont bénéfiques, d'autres ne le sont pas.

Lorsque la vue d'un objet a le pouvoir de mobiliser mes énergies les plus efficaces, c'est qu'à un moment donné s'est opéré (d'après ma volonté ou inconsciemment) un ancrage que je peux aujourd'hui considérer comme positif.

Exemple : Quand François doit passer un examen, il met sa cravate marron — comme si celle-ci agissait comme un talisman l'aidant à « mobiliser » son énergie intellectuelle face à l'examinateur.

Autre exemple important résultant de la technique de l'ancrage :

— le travail des publicitaires : si j'écris « Soif d'aujourd'hui » et que cela évoque dans votre tête le nom « Coca-Cola », c'est que les campagnes publicitaires concoctées par la grande marque américaine ont réussi à créer cette *association* dans votre cerveau (cet ancrage).

Les Super-C° ont encore, dans leur panoplie de super-intervenants, cette capacité de pouvoir « provoquer » (il faudrait dire « inviter à prendre en considération ») des ancrages.

Par exemple, ils invitent leurs interlocuteurs à « associer » des stimuli Visuels, Auditifs ou Kinesthésiques — donc à faire des ancrages entre ces stimuli et de bonnes dispositions, de bonnes résolutions qu'ils viennent de prendre — de façon à pouvoir recréer ces États de Ressources plus tard.

Exemple : Au moment où Albert s'est décidé à arrêter de fumer, son thérapeute lui a demandé quelle image pourrait, selon lui, être associée, le plus positivement, à sa décision. Réponse d'Albert : une vue de forêt.

L'intervenant a donc associé l'importante décision d'Albert à un poster représentant un magnifique sous-bois.

Aujourd'hui, lorsqu'on lui tend une cigarette, Albert se retourne vers le poster (ou se le représente mentalement) et déclare : « Non merci, j'ai décidé de pouvoir respirer ce bon air le plus longtemps possible ! »

Les mots, les sons, les musiques peuvent servir de base à de bons ancrages.

On raconte que lorsque Milton Erickson parvenait à faire prendre à quelqu'un contact avec un EdR, il avait coutume d'inviter cette personne à choisir un nom à donner à cet EdR, ce qui lui permettrait, plus tard, de retrouver cet EdR par le seul prononcé de ce nom.

C'est un domaine dans lequel les considérations de valeurs sont malvenues.

Si, par exemple, le mot choisi par une personne pour nommer un EdR est « sabre », il n'y a rien de ridicule de sa part à prononcer ce mot avant d'entrer dans le bureau de son patron, chez le dentiste ou de téléphoner à une amie dont il est amoureux !

Erickson faisait aussi un usage très adéquat de l'ancrage kinesthésique. Par exemple, en mettant la main sur l'épaule d'une personne qui quittait son bureau après une séance très positive de travail psychothérapeutique. Ce qui permettait de retrouver cet « état » (comme par magie !) lorsque le patient revenait à la séance suivante. Il l'accueillait en lui mettant la main sur l'épaule.

Les cadres, animateurs de réunions, peuvent s'inspirer de cet exemple pour proposer à la fin d'une réunion de qualité, qui demande une suite, un ancrage sonore ou visuel — ce qui est plus facile à réaliser que d'offrir une main sur l'épaule à chaque participant.

Attention ! Les ancrages qui « marchent » le mieux, dans ce type de situation, sont ceux qui sont choisis par les participants eux-mêmes ! (« Par quel mot pourrions-nous nommer cette excellente réunion ? »)

Attention à ne pas offrir d'ancrage négatif ! Cela existe. Dans les milieux de la PNL, il est devenu classique de citer la chose suivante : un thérapeute peu averti (ça existe, bien sûr) reçoit un patient très déprimé en lui mettant la main sur l'épaule, geste qu'il refait après l'entretien qu'il a eu avec lui. Ce qui a pour effet de remettre son patient dans le même Etat que lorsqu'il est arrivé, annulant ainsi le travail élaboré pendant l'entretien. Les ancrages sont des gestes ou des mots dont la puissance doit être bien connue par celui qui les utilise.

Ancrages préférentiels

Compte tenu de la diversité des modes de perceptions, il est possible que certains ancrages, V, A ou K s'avèrent plus pertinents que d'autres.

6

CE QUE NOUS AVONS DANS LA TÊTE
UNE CARTE DE LA RÉALITÉ, UNE CARTE DU MONDE

> *« Je vois le monde tel que je suis. »*
> P. Eluard
>
> *« L'homme est ce qu'il croit. »*
> A. Tchekhov

C'est à la Sémantique Générale que B&G ont emprunté le concept tout à fait important de Carte du Monde (CdM).

En effet, la table (ou l'arbre, ou la personne) qui se trouve devant nous *n'est pas* dans notre tête.

Il ne peut se trouver dans notre cerveau que des représentations (des représentations VAKO) de ce que nous rencontrons, de ce que nous percevons, de ce que nous apprenons.

Dans notre tête — on dit plus habituellement: dans notre esprit — on ne trouve donc qu'une «Carte de la Réalité» — la PNL a choisi les termes «Carte du Monde» *(Map of the world)*.

Exemple: s'il y a une rose près de vous et que vous la regardez, la prenez dans vos mains et la portez à vos narines pour la humer, la fleur proprement dite reste bel et bien dans la pièce où vous vous trouvez, mais, à l'intérieur de votre tête, là où sont localisés les neurones affectés à la fonction que la PNL appelle CdM, il n'y a qu'une représentation visuelle (V) — l'image de cette fleur — une représentation kinesthésique (K) — le souvenir des sensations éprouvées par vos doigts — une représentation olfactive (O), à laquelle s'est peut-être ajoutée une représentation auditive (A), si vous avez prononcé le mot « rose ».

Et il en est ainsi :
— pour chaque élément de l'immense réalité que constitue l'univers (et comme la plupart d'entre nous n'ont pas accès aux informations concernant ce qui déborde de notre bonne vieille planète Terre, on comprend pourquoi B&G parlent de notre « Carte du Monde »).
— pour les 6 milliards d'hommes vivant dans ce monde.

Notre CdM est nécessairement limitée

Nous ne rentrons pas en contact avec toute la Réalité, avec le monde entier, avec la vie entière, avec tous les autres.

De plus, la moitié de ce que nous connaissons nous parvient d'une façon indirecte. (Par exemple, comment nous savons qui est président des Etats-Unis.) Nous sommes aussi limités par le nombre de contacts humains que nous pouvons vivre. (Nous connaissons, en général, les astronautes par les médias plutôt que par contact direct.) Nos capteurs sensoriels sont également limités. (Nous n'entendons pas tous les sons.) Parfois, nos sens sont portés à déformer la réalité (comme lorsque nous avons l'impression que les rails se rejoignent à l'horizon).

Et puis, surtout, il y a la nécessaire élimination, de notre CdM, de ces myriades d'informations utiles à certains moments de la vie (comme les millions d'informations traitées par notre cerveau lors de l'apprentissage de la marche) et dont il est heureux que le cerveau « se débarrasse » plus tard, pour nous permettre d'effectuer d'autres « entrées », d'autres « opérations ».

Enfin, pour des raisons de « stabilité psychique », nous écartons bon nombre d'informations qui nous obligeraient à une « révision » partielle — ou parfois totale — de la façon dont nous avons organisé ce que nous savons.

Ce sont là les **filtres** que nous mettons — parfois volontairement, parfois non — entre la Réalité et nous-mêmes, entre la Réalité et notre CdM.

Les limites de notre expérience

Nous ne pouvons également pas vivre toutes les expériences humaines.

Les limites de celles-ci sont généralement conditionnées par des raisons géographiques, climatiques, historiques, sociales et économiques, tout autant que par les raisons dues à notre évolution personnelle.

Par exemple, il n'y a que peu d'habitants de l'hémisphère Nord qui aient l'occasion d'expérimenter les conditions de vie de l'hémisphère Sud, peu d'enfants de classes pauvres qui aient l'occasion de connaître une vie faite d'aisance et de grand confort, personne qui ait vécu il y a deux siècles et aujourd'hui.

A toutes ces raisons qui forment ce qu'on peut appeler « expérience objective », il faut encore ajouter ce qui va contribuer pour une très large part à faire de notre CdM ce qu'elle est : un ensemble de représentations tout à fait **unique** d'une partie (mot sur lequel il faut insister !), D'UNE PARTIE DE LA RÉALITÉ.

Et c'est notre **expérience subjective.**

Chaque expérience que nous vivons — et même les situations que nous avons l'impression de vivre en toute objectivité (d'une façon très rationnelle) — s'accompagne d'une réalité subjective (émoi, affect, émotion, ressenti).

Que nous le voulions ou non, cette réalité subjective accompagne toutes nos expériences. Parce que l'une des premières réalités de notre condition d'être humain, c'est d'être des êtres vivants. Et que les mécanismes biologiques qui caractérisent les vivants « animés » induisent la présence d'une expérience que la réalité humaine ne peut concevoir que comme subjective.

Donc, la subjectivité « teinte » toutes nos expériences de composantes subjectives.

Pour comprendre comment se façonnent nos CdM, il me faut encore parler des :

Processus nécessaires et déformateurs

Ceux-ci sont connus depuis assez longtemps par la psychologie classique. Ce sont :

1. *La généralisation*

La généralisation est un processus de fonctionnement du cerveau très utile. C'est celui par lequel nous pouvons apprendre des « concepts » (le concept « table » se crée après avoir vu quelques tables. Il n'est pas nécessaire de voir toutes les tables du monde pour cela). C'est son côté positif.

Par contre, s'il est bien utile de savoir que les Andins ont des caractéristiques communes, je peux risquer d'attribuer des caractéristiques communes à Georges Moreira et Juan Valdes, perdant de vue ce qui les différencie. C'est le côté limitatif.

2. *La distorsion*

La distorsion nous fait transformer la réalité. Si nous prenons un signal « Stop » pour un autre, les conséquences peuvent être graves. C'est le côté négatif. Par contre, pouvoir imaginer une belle maison sur un terrain vide, c'est un exemple de la qualité positive de la distorsion.

3. *La sélection*

C'est le processus qui permet de conserver certains aspects de notre expérience et d'en éliminer d'autres, réalisant une «économie» précieuse pour notre mémoire.

Exemple: en sortant du concert, on ne sait plus quelle était la couleur des fauteuils.

Voir schéma pages 104-105.

Valeurs et croyances

Dans la vie courante où la notion de CdM n'est pas connue, on parle de «personnalité» — ce qui est approprié. On sait que nous nous différencions par:
— notre réalité physique;
— notre tempérament;
— notre éducation;
— nos connaissances;
— nos expériences (objectives et subjectives).

Il est encore deux types de réalités qui vont beaucoup influencer notre rapport au monde et aux autres, et qui occupent en PNL une place importante: c'est ce qu'on appelle nos valeurs et nos croyances.

Nous en avons besoin pour vivre.

Mais valeurs et croyances sont des «richesses» que les hommes ont des difficultés sérieuses à accorder.

De nombreux conflits humains — je ne vous l'apprends sans doute pas — ont pour origine des conflits de valeurs ou de croyances. La distinction entre ces deux termes présente un intérêt certain.

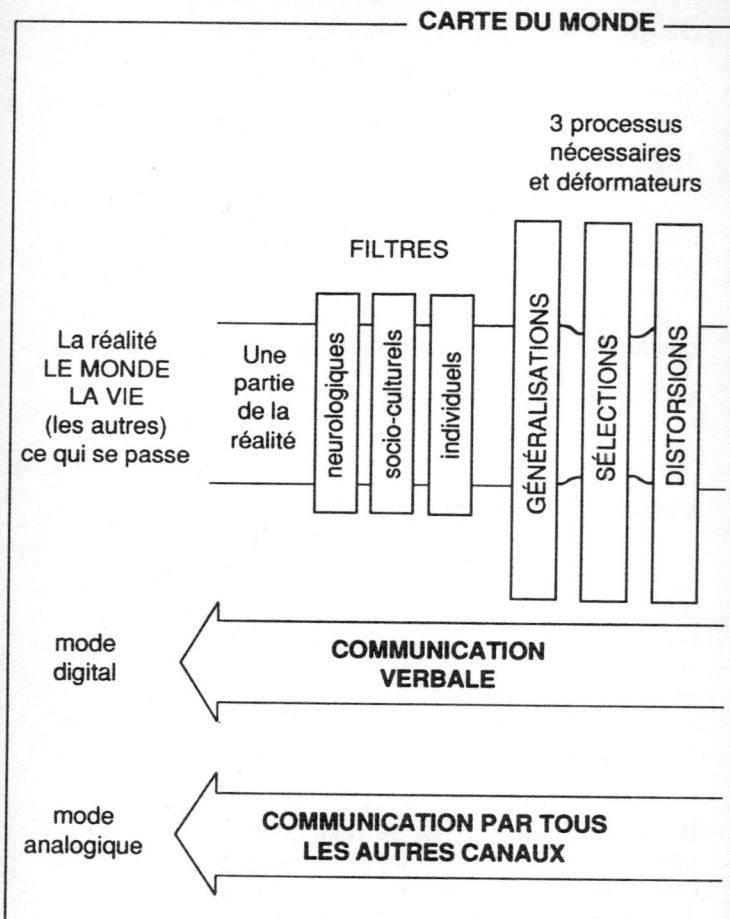

ET COMMUNICATION

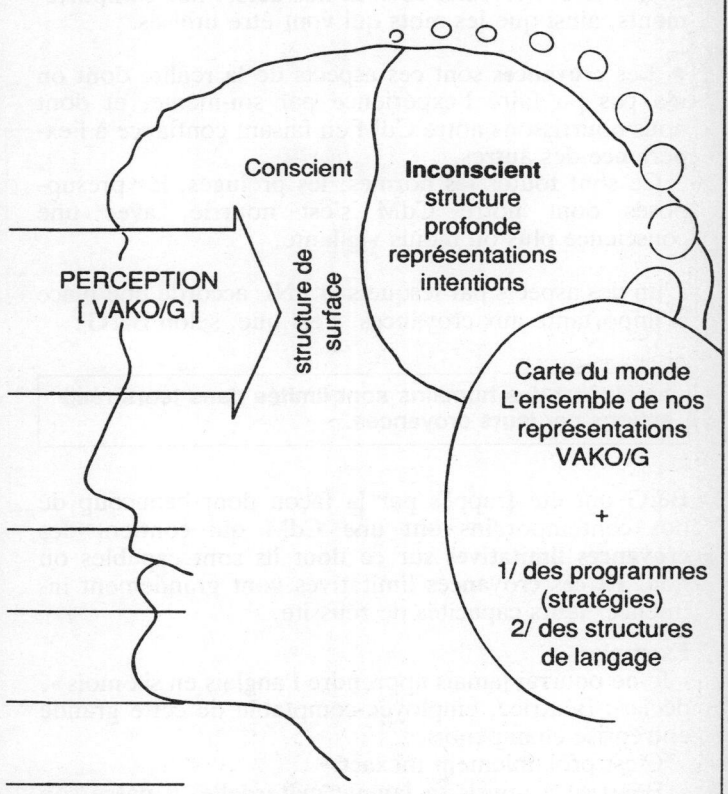

Nos comportements, nos réussites sont moins conditionnés par le monde réel que par notre représentation du monde.
(réalisé avec l'aide de Gene Early)

● En PNL, **valeur** se rapporte à **l'importance subjective donnée aux choses et aux comportements.** Et pour exprimer ces valeurs, ce sont nos actes, nos comportements, ainsi que les mots qui vont être utilisés.

● Les **croyances** sont ces aspects de la réalité dont on n'a pas pu faire l'expérience par soi-même, et dont nous nourrissons notre CdM en faisant confiance à l'expérience des autres.

Ce sont toutes les normes, les préjugés, les présupposés dont notre CdM s'est nourrie, avec une conscience plus ou moins vigilante.

L'un des aspects par lesquels la PNL accorde une place si importante aux croyances, c'est que, selon B&G :

> **La plupart des humains sont limités dans leurs réalisations par leurs croyances.**

B&G ont été frappés par la façon dont beaucoup de nos contemporains ont une CdM qui contient des **croyances limitatives** sur ce dont ils sont capables ou non. Et ces croyances limitatives vont grandement influencer leurs capacités de réussite.

Exemple :
« Je ne pourrai jamais apprendre l'anglais en six mois », déclare Béatrice, employée-comptable de cette grande entreprise champenoise.

C'est probablement inexact.

Béatrice a appris sa langue maternelle, a passé son bac, et réussit dans sa fonction professionnelle, mais elle a laissé pénétrer dans sa CdM la croyance, très répandue, selon laquelle les Français de l'Est n'apprenaient pas facilement les langues anglo-saxonnes.

Ecoutez autour de vous le poids des croyances négatives ! Combien de gens expriment qu'ils ne *sont pas capables* de réussir quelque chose qu'ils n'ont jamais fait jusqu'à présent — qu'il s'agisse d'un contact avec une personne jamais rencontrée, d'une démarche nouvelle, d'apprendre quelque chose...

Nous pouvons enrichir notre CdM

Sauf accident physique, je ne pense pas que nous puissions réellement « retirer » quelque chose de notre CdM.

En apparence, les choses se passent comme si nous mettions certaines informations de notre cerveau dans des « réserves profondes ». C'est le mécanisme de l'oubli, mais cela ne signifie pas que l'information en question a réellement « quitté » notre cerveau.

Mais intéressons-nous davantage à ce qui est fortement souligné par la PNL.

Avec nos 30 milliards de cellules (savez-vous que, pour représenter le nombre de possibilités de connexions entre elles, il faut écrire un chiffre 10 suivi d'un exposant fait de 10 millions de kilomètres ?), les potentialités qui « dorment » en nous sont immenses.

La question philosophique que cela suscite (sommes-nous *tous* des Mozart, des Einstein ou Socrate en puissance ?) continuera sans doute encore longtemps à alimenter les discussions de salons, de facultés et, je l'espère, des hommes politiques, si tant est qu'ils s'intéressent à cette réalité !

Contentons-nous (mais le mot me gêne) d'explorer les énormes possibilités qui sommeillent ainsi en nous.

C'est l'autre usage — très noble — mais qui n'est pas développé dans cet ouvrage limité aux applications de la PNL dans la relation d'influence, que de permettre l'utilisation des outils de la PNL (essentiellement des « modèles de stratégies », concept qui sera quand même expliqué dans mon chapitre 9).

Mais il est d'ores et déjà possible d'enrichir notre CdM dans le cadre des communications que nous avons avec les autres.

La vraie difficulté des relations humaines : la rencontre de l'altérité

Nombreux sont ceux qui, de nos jours, prônent — et c'est bien heureux ainsi — la rencontre, le dialogue.

Mais la grande difficulté des relations humaines (du moins jusqu'en cette fin de XXe siècle), c'est que, étant donné que, d'une part, chacun a *sa* CdM; d'autre part, chacun ressent l'autre comme une menace potentielle (voir chapitre 11), il s'avère qu'il est relativement difficile pour un individu d'admettre **l'altérité** de l'autre.

Pas étonnante, cette altérité de nos CdM, alors que nous différons déjà par nos empreintes digitales !

Pas étonnant que nous nous entendions mieux avec ceux qui nous ressemblent (qui pensent comme nous, qui réagissent comme nous). Il est un peu plus facile de vivre un dialogue avec ceux qui ont une CdM proche de la nôtre qu'avec ceux dont l'altérité est davantage prononcée.

Un ingrédient primordial de l'édification de notre CdM : le langage

> « On ne peut pas dire "je pense",
> on devrait dire "On est pensé".
> Je est un autre. »
> A. Rimbaud

Esope disait déjà du langage qu'il est la pire et la meilleure des choses.

La meilleure, parce que le progrès de l'homme est étroitement lié au développement du langage. La pire, parce que le langage n'est pas très apte à « saisir », « appréhender » la Réalité.

Il est surtout limité pour exprimer « ce qui compte le plus » pour chaque individu : son ressenti, sa réalité profonde (et encore, ne parlons pas de la dimension spirituelle qui vit en l'homme, réalité si peu considérée en cette fin de XXe siècle).

Mais, là aussi, la PNL apporte un regard et des techniques intéressantes. Ce sera l'objet du chapitre suivant.

Mais, s'il faut encore convaincre quelqu'un que de grandes difficultés sont dues, dans les communications entre humains, à des problèmes de langage, je terminerai ce chapitre par l'anecdote suivante :

Raymond a été, des années durant, un fumeur invétéré. Lorsqu'il a rencontré Aude, il a promis de faire un « sérieux effort » (sic) pour « fumer moins ».

Ce soir — six mois après leur rencontre — ils se disputent.

Écoutons :

AUDE : « Tu empestes toujours la cigarette ! Tu avais cependant promis... »

RAYMOND : « Mais, chérie, demande un peu à un médecin si un fumeur qui passe de deux paquets par jour à un demi-paquet, cela ne peut pas être considéré comme un « sérieux effort » !

Et des conflits basés sur la même structure, il y en a des milliers, chaque jour, autour de nous.

La PNL propose un modèle important de sa panoplie — qui s'appelle **Méta-modèle** (et qui sera présenté dans le chapitre suivant) — comme outil nous permettant de « faire face » à ces types de problèmes dus à notre langage, et à la façon dont celui-ci imprègne nos CdM.

─────────── **Il y a autant de façons** ───────────

- de respirer une rose
- d'apprécier un coucher de soleil
- d'écouter une musique
- de chanter une chanson
- de souffrir d'un mal de dents comme d'une maladie grave
- de savourer un mets fin
- de goûter un nectar délicat
- de faire l'amour
- de regarder un spectacle
- de pleurer un être cher
- de réfléchir à l'origine de la vie
- d'aborder et de résoudre un problème
- de vivre la douceur du temps
- d'apprécier la caresse du soleil
- de concevoir une soirée amicale
- de jouer ou pratiquer un sport
- de faire la grasse matinée
- de choisir des vacances
- de lire un livre
- de toucher quelqu'un
- de bercer un bébé
- de concevoir son travail
- de s'occuper de son âme
- de choisir ce qui est important
- de lire un poème
- de prendre quelqu'un dans ses bras
- de concevoir la justice
- de faire un choix politique
- de créer ou apprécier une œuvre artistique
- de juger un comportement
- de communiquer avec les autres
- d'exprimer ses sentiments
- d'exprimer un désaccord
- de concevoir la bonne marche d'un état
- d'exprimer de l'amour

─────────── **qu'il y a d'humains sur terre** ───────────

> **Chacun construit sa représentation de la réalité sous la forme d'une Carte du Monde.**
> - **Une Carte du Monde est donc un ensemble de représentations VAKO + des programmes (faits de stratégies) + des structures de langage.**
> - **Dans l'appréhension de la Réalité, la CdM subit de nombreuses altérations (filtres, processus déformateurs, expérience personnelle (valeurs, croyances, subjectivité).**
> - **La CdM est éminemment susceptible d'enrichissements.**

La difficulté pour chacun (6 milliards) d'accepter les CdM des autres est l'une des sources principales des problèmes humains.

LE MOT *ROSE* N'A PAS D'ÉPINES
LES APPORTS DE LA LINGUISTIQUE ET DE LA SÉMANTIQUE GÉNÉRALE

« Le mot *rose* n'a pas d'épines » nous dit Mallarmé.

« La mer, quand on ne la regarde pas, est-elle la mer ? » aurait dit Supervielle. D'autres m'ont dit que c'était Victor Hugo.

« La carte n'est pas le territoire » dit A. Korzybski.

Que veulent dire ces poètes et ce scientifique ?

Une chose importante : que les mots sont des mots et qu'il est important, pour bien réfléchir, pour bien décider, pour bien agir, de ne pas les confondre avec ce qu'ils sont censés représenter.

On peut encore ajouter : « Le mot *chien* n'aboie pas. »

Or, vous aurez sûrement remarqué qu'il y a des gens que le seul prononcé d'un mot suffit à faire « frémir »...

Les poètes et A. Korzybski ont expérimenté qu'il y avait bon nombre de confusions entre ce que des gens **voulaient dire** et ce qu'ils **disaient vraiment** (c'est-à-dire « quels mots sortaient réellement de leur bouche »), et ils ont exprimé cette difficulté par les phrases citées.

De la linguistique (bien que ce concept ait également été appréhendé par la psychologie classique), B&G ont surtout retenu une façon de nommer les choses qui dit bien la difficulté exprimée dans le paragraphe précédent : la linguistique parle d'**une structure de surface** de notre langage — la partie visible de l'iceberg — et d'**une structure profonde** — la partie non visible.

Dans une relation d'aide, comme dans la plupart des relations, il est plus important de connaître la structure profonde du langage (les intentions réelles de l'interlocuteur).

Par exemple, dans le roman (presque roman-photo, voir p. 33), si la situation évolue mal, on peut imaginer que Patricia se retrouve un jour chez un psychothérapeute. Là, elle risque de parler d'un «moment difficile» vécu avec Alain. «Moment difficile» est une expression due à la structure de surface de son langage.

S'il désire savoir et comprendre ce qui s'est réellement passé, notre thérapeute a intérêt à «interviewer» la structure de surface pour découvrir que, pour Patricia, «moment difficile» se rapporte à une sensation de tristesse, due aux mots prononcés par Alain la dernière fois qu'ils se sont quittés.

Dans la vie, nos interlocuteurs et nous-mêmes parlons souvent avec des formules «compactes» dont nous présupposons que le sens en est évident pour notre interlocuteur.

C'est parce qu'ils ont pensé qu'il serait utile d'édifier un modèle de questionnement des «limitations linguistiques» les plus répandues que B&G ont créé ce qui s'appelle le «Méta-Modèle».

Le Méta-Modèle

C'est donc un modèle reprenant les « limitations linguistiques » les plus fréquentes.

Ainsi qu'une grille de questionnement permettant de les « interviewer » afin de se rapprocher de leur signification réelle.

On y trouve :

Les limites dues à la généralisation

- **Les nominalisations**

Nominaliser, c'est remplacer un action par un nom :
> *« La communication est difficile entre nous. »*

Cela ne dit pas *ce* qui est vraiment difficile.
> *« Mon divorce n'avance pas. »*

Même remarque.

- **Les opérateurs modaux**

Nom donné à des expressions limitées concernant des opérations, avec une notion d'obligation.
> *« Il faut taire ses sentiments. »*
> *« Je dois absolument m'occuper d'elle. »*

Ces phrases ne donnent pas l'information complète à laquelle elles se réfèrent. De plus, elles impliquent des croyances limitatives.

- **Les quantificateurs universels**

Ce sont, habituellement, des généralisations abusives.
> *« Personnne ne m'écoute. »*
> *« Avec lui, il faut toujours... »*

Les suppressions

Ce sont les expressions dans lesquelles quelque chose — qui peut être important pour la compréhension — manque.

- **Les suppressions simples**
    « *Je ne suis pas content.* »
On ne sait pas de quoi il s'agit.

- **Suppression de l'index de référence**
    « Ça, *c'est ce qu*'ils *disent!* »
On ne sait pas qui est « ils », ni ce qu'est *ça!* »

- **Suppression de comparatif**
    « *Il est plus habile.* »
On ne sait pas par rapport à qui la comparaison se fait.

- **Les verbes non spécifiques**
    « *Il me demande trop.* »
On ne sait pas ce qui est demandé.

Les malformations sémantiques

Dans sa capacité à appréhender la réalité par la pensée — et donc dans l'expression de cette appréhension par le langage —, il y a des erreurs, des limites, des « cogitus interrumpus » (comme dit le poète Pierre Puttemans*), des réflexions non achevées.

Et l'homme se débrouille depuis des siècles avec des « formes » de pensée, de considérations incorrectes dont les conséquences peuvent être désastreuses.

B&G les appellent *malformations sémantiques*.

---

* Pierre Puttemans, *L'arroseur arrosé*, Le Préambule, Québec.

La première forme de ces malformations sémantiques, développée ci-dessous, illustre fort bien le mécanisme mental dénoncé.
Il s'agit de :

- **La « lecture de pensée***
Une personne *fait* de la *lecture de pensée* quand elle s'exprime « comme si » elle savait ce qu'il y a dans la tête des autres :

> « *François ne voudra jamais...* », « *Tous les hommes me trouvent trop...* », « *Ingrid ne pourrait jamais apprécier cela.* »

Si, dans un certain nombre de cas, la « lecture de pensée » ou divination peut se révéler exacte, il importe de prendre en considération combien cette pratique, à laquelle bien peu échappent, engendre de malentendus ou de conflits.

- **Les équivalences complexes**
Il s'agit, dans le même esprit, de *liens* (équivalences) erronés dus à une limitation d'expérience.

> « *Il ne m'adresse pas la parole, donc il ne m'aime pas.* »

- **La confusion sentiments/comportements**
Il s'agit d'expressions décrivant des comportements alors qu'il s'agit de sentiments.

> « *Je pense que cela est pénible* » *pour* « *Je suis triste.* »
> « *On se sent tout content quand on gagne* » *pour* « *Je suis content.* »

- **Les opérateurs modaux**
Ce sont les verbes d'obligation, souvent limitatifs face à des réalités qui font peur ou qui présentent un caractère de pénibilité que la personne n'est pas prête à affronter.

---

* Voir aussi *L'Analyse Transactionnelle*, René de Lassus, Marabout service n° 35.

> *« Je dois... », « Il faut... », « Je ne sais pas faire... »*

Les trois dernières catégories de malformations sémantiques mériteraient à elle seules un ouvrage entier, tant elles sont sources de difficultés dans les relations d'une part, tant elles sont dérangeantes pour nos CdM d'autre part — et, dès lors, difficiles à admettre.

Je ne ferai donc que les décrire sommairement. Les voici.

● **Le faux rapport cause/effet**
C'est une *croyance* selon laquelle un être humain peut provoquer des sentiments, des émotions chez un autre.

Une erreur sémantique qui « arrange » bien des gens, leur permettant d'attribuer aux autres les sentiments qu'ils éprouvent et qui sont en fait, leur propre création.

> *« Il me rend nerveux. » quand il serait plus correct de dire : « Quand il fait (telle chose), je me rends nerveux. »*

Cette affirmation de la PNL — que les praticiens habiles n'*amènent* pas en début d'intervention —, peut-être aujourd'hui plus dérangeante que celles de S. Freud en début de siècle !, peut être proposée à la réflexion en invitant à imaginer la cause ou les effets produits par ou sur quelqu'un d'autre.

Exemple :

> *« Si quelqu'un d'autre faisait telle chose, cela te rendrait-il également nerveux ? »*
> *Ou : « Si cette personne X fait cette même chose devant Y, Y devient-elle obligatoirement nerveuse ? »*

● **Les limites dues à la logique**
La logique, due à Aristote, a permis à la pensée humaine de faire des progrès prodigieux. A un point tel qu'on en oublie les limites. Alfred Korzybski, le père de la Sémantique Générale *(voir 3ᵉ partie)*, nous met en garde contre les excès de la logique aristotélicienne.

« A est A, différent de non-A » dit le premier axiome de la logique. « Gérard Lambert est mécanicien, mais il est aussi : amateur de musique contemporaine, père de famille, noir, socialiste, amateur de montagne, etc.

● **Les limites de pensée et de conscience**
La pensée, merveilleux outil humain, n'est pas très adéquate pour appréhender les questions ultimes de la métaphysique.

En matière de conscience de ce qui se passe, de ce qui nous pousse à agir, l'être humain peut-il, de même, prétendre à la conscience profonde de ses motivations ?

Dans la deuxième partie de cet ouvrage se trouvent des exemples de réponses performantes face à quelques limites d'expression reprises dans ce Méta-Modèle.

Pour terminer ce chapitre en rapport avec les échanges langagiers et verbaux, je vous présente deux « outils » de PNL, bien utiles :

La définition d'objectifs

Vouloir trouver un emploi quand on n'en a pas,
vouloir avoir son frigo bien rempli quand il est vide,
vouloir réussir une relation amoureuse quand elle est en proie à une difficulté,
vouloir de belles roses dans son jardin à un endroit où cela plairait...

Tous ces exemples sont des exemples d'objectifs à atteindre, même si — dans le monde des médias — on ne parle d'objectifs à atteindre qu'en matière de politique ou d'économie.

Dans la vie courante, tout ce que nous faisons, c'est passer d'un Etat Présent à un Etat Désiré.

B&G ont observé que les gens qui réussissent à atteindre positivement leurs objectifs, le doivent pour beaucoup au fait de les formuler correctement.

Savoir formuler correctement ses objectifs, c'est, comme le dit le dicton «Un problème bien posé est à moitié résolu», se donner un maximum de chances de les atteindre.

Je propose, dans la 2ᵉ partie de l'ouvrage, une fiche concernant **les exigences d'une bonne formulation d'objectif.**

La synchronisation verbale

Elle est le complément de la synchronisation physique déjà expliquée plus haut.

En effet, les Super-C° se distinguent également par la façon dont ils «épousent» la voix et le vocabulaire de leurs interlocuteurs.

Ceci achève de donner à la synchronisation sa capacité «magique» dans une relation d'influence.

D'ailleurs, si vous vous rappelez l'exemple de synchronisation spontanée que j'ai décrit en début d'ouvrage (lorsque vous vous baissez au niveau du petit enfant que vous voulez consoler), vous remarquerez qu'il vous est déjà arrivé souvent d'adapter votre ton de voix et votre vocabulaire lorsque vous voulez expliquer quelque chose à un petit enfant.

C'est le même principe qui est à l'œuvre dans ce que la PNL appelle *synchronisation verbale.*

Ce qui ne veut absolument pas dire parler à un interlocuteur comme à un enfant, mais parler «comme lui» en employant le plus possible **les mêmes composantes vocales** et **les mêmes prédicats.**

La synchronisation vocale

Elle consiste *surtout* à adapter ses composantes vocales à celles de son interlocuteur (Pensez au dîner d'amoureux!), c'est-à-dire :

- **le ton de la voix** (grave/aigu, ample, pointu)
- **le volume** (fort ou faible)
- **le timbre de la voix** (on dit aussi sa couleur)
- **le rythme** (lent ou rapide)
- **les mots soulignés** (les mots que l'interlocuteur accentue).

Encore une fois, se synchroniser ne signifie pas imiter, mais chercher à se rapprocher des composantes vocales de son interlocuteur. Ce n'est que dans un travail d'auto-formation que l'on peut, pendant un certain temps (comme on le verra dans la deuxième partie), faire de l'imitation (de préférence de personnes non présentes, comme celles vues et entendues à la radio/TV).

Les prédicats

En simplifiant, je dirai que les prédicats sont les mots les plus importants de la langue : les verbes, les adjectifs surtout. Les Super-C° observés par B&G adoptaient presque toujours les prédicats de leurs interlocuteurs.

Exemple :

« *J'ai ressenti une difficulté en rencontrant mon nouveau chef.* »

Reformulation non synchronisée :

« *Vous avez pris conscience des problèmes que vous risquez de rencontrer en travaillant avec lui.* »

Reformulation synchronisée :

« *Lorsque vous avez rencontré votre nouveau chef, vous avez senti que ce serait difficile.* »

Les mots importants (les prédicats) sont *ressentir* (ou *sentir*) et *difficulté* (ou *difficile*).

B&G ont également repéré qu'il existait un lien étroit entre les prédicats qu'une personne emploie et les systèmes de représentation VAKO.

Et chacun de nous a un ou deux systèmes de représentations préférentiels.

La synchronisation verbale efficace est celle qui consiste à synchroniser :

- **les composantes vocales** (ton, timbre, volume, rythme, accents)
- **les prédicats**
  de son interlocuteur.

LISTE DES PRINCIPAUX PRÉDICATS

En rapport avec les systèmes

Visuels	*Auditifs*	*Kinesthésiques*	Sans rapport
voir	entendre	sentir	éprouver
regarder	écouter	toucher	comprendre
considérer	résonner	saisir	penser
apparaître	jouer	s'emparer de	expérimenter
montrer	harmoniser	échapper à	apprendre
se faire jour	accorder	s'emboîter	procéder
révéler	être tout ouïe	accrocher	décider
envisager	étouffer	contacter	motiver
éclairer	sourd	jeter	considérer
clignoter	dissonance	tourner autour	changer
éclaircir	déphasé	du pot	percevoir
fumeux	sous-entendu	dur	insensible
pointer	inouï	pétrifié	distinct
brumeux	criard	embobiner	concevoir
pétillant	discordant	coup de main	avoir conscience
clair comme de l'eau de roche			savoir
polariser			
imaginer			

UN CONCEPT SUBTIL : LES STRATÉGIES

Pour passer d'un **Etat Présent** (c'est-à-dire d'une situation telle qu'elle est à un moment donné) à un **Etat Désiré** (c'est-à-dire un désir à satisfaire, un objectif à atteindre), nous disposons de ressources physiques (notre corps) et de ressources mentales (les possibilités de notre cerveau).

Pour atteindre un Etat Désiré à partir d'un Etat Présent, notre cerveau organise, agence ses opérations mentales en **programmes** (d'où la présence de ce mot dans PNL).

Nous avons des programmes pour les choses les plus simples de la vie (des programmes pour acheter un journal ou une voiture) comme pour les choses plus compliquées (comme mener une négociation délicate avec ses enfants, dans la vie professionnelle ou politique). Le niveau le plus détaillé de la façon dont nous construisons nos programmes est celui qu'on appelle, en PNL, *niveau d'élaboration de nos stratégies*.

Une **stratégie** est une succession d'opérations mentales (rappelez-vous : une succession de perceptions et/ou de représentations Visuelles, Auditives, Kinesthésiques).

Un ensemble de stratégies forme un **programme**.

B&G ont compris que c'est au niveau de l'élaboration de nos stratégies que se construisent nos **réussites** et nos **impasses.**

Stratégies de réussite et stratégies d'impasse

Ce qui caractérise particulièrement la PNL, c'est de considérer qu'il est — dans nos actions — moins question d'**échec** que d'**impasse.**

En effet, B&G ont observé que les gens *performants* utilisent ce qui est souvent appelé «échec» comme source d'information pour «sortir» d'une impasse et adopter un comportement plus adéquat.

En effet, pour reprendre l'un des exemples simples pris ci-dessus comme passage d'un Etat Présent — ne pas avoir de journal — à un Etat Désiré — avoir un quotidien —, il nous faut élaborer un programme simple, comprenant des stratégies pour sortir de chez soi, une stratégie pour acheter un quotidien et une stratégie pour rentrer chez soi.

Comme nous avons déjà pris en considération la «nature» des opérations mentales composant une stratégie, voyons comment celle-ci est organisée dans le cas de la deuxième partie du programme «Achat d'un journal»:

Eléments (opérations mentales) **de cette stratégie:**

1. opération Kinesthésique (ouverture de la porte du magasin, marche vers le comptoir);
2. opération Visuelle (choix d'un quotidien sur le présentoir);
3. opération Auditive (désignation du nom du journal choisi);
4. opération Kinesthésique (paiement — maniement de pièces de monnaie — et sortie du magasin).

Imaginons encore, pour notre bonne compréhension, par quelles stratégies notre ami Jean-Pierre pourrait passer pour abandonner la lecture de ce livre et se retrouver au volant de sa voiture, en route vers un centre commercial proche de chez lui :

Je lis ce livre (opération Visuelle de perception — plus loin, on dira opération Visuelle externe); j'éprouve une sensation de soif (ce qui est une sensation kinesthésique, ou opération Kinesthésique); je me dis en moi-même «Je vais aller me faire un jus de fruit» (opération Auditive interne); je me lève (opération Kinesthésique); je fais mon jus de fruit, je le bois et le savoure après m'être rassis dans mon fauteuil (opérations Kinesthésiques et Gustatives); je pense un moment à la maison que je fais construire, je me l'imagine terminée (opération Visuelle construite); le téléphone sonne (opération Auditive externe); je décroche (opération Kinesthésique); je discute avec ma compagne (opérations Auditives externes — parce que ce que j'écoute et ce que je dis sont considérés comme opérations Auditives externes). Comme elle me rappelle de faire quelques achats pour la petite réception d'amis que nous avons ce soir, je m'imagine ce qu'il me faut acheter (opération Visuelle construite) et je me dis : «Je vais y aller de suite, il y a moins de monde dans les magasins maintenant» (opération Auditive interne). Je sors de chez moi, je monte dans ma voiture et je démarre (opérations Kinesthésiques).

Voilà. Tout ce que nous faisons, tout ce que nous réussissons à faire repose sur des **stratégies** (succession d'opérations mentales de notre cerveau). Lesquelles stratégies sont elles-mêmes des éléments que nous organisons en **programmes.**

On aura évidemment compris qu'il y a des stratégies plus efficaces, plus pertinentes, plus performantes que d'autres.

Qu'un élément important de la pertinence d'une stratégie, c'est la qualité de sa syntaxe.

Rappel : la syntaxe, c'est ce qui fait que la phrase « Michel mange du bœuf » a plus de sens que « Bœuf du mange Michel ».

En effet, dans l'exemple imaginé ci-dessus, mieux vaut que l'opération visuelle (image construite de ce qu'il faut aller chercher au magasin) précède l'opération kinesthésique (sortie de chez moi et démarrage de ma voiture) !

Par convention, la PNL propose une façon d'écrire les éléments de nos stratégies :

V pour Visuel qui peut être **Ve** pour Visuel externe (la personne regarde quelque chose), **Vr** pour Visuel remémoré (la personne accède à une image mémorisée) ou **Vc** pour Visuel construit (la personne imagine une représentation nouvelle).

A pour Auditif qui peut être **Ae** pour auditif externe (la personne entend un son, une voix réelle), **Ar** (la personne accède à un son — ou voix — mémorisé), **Ac** (la personne imagine un son, une voix), **Ai/d** pour Auditif interne/dialogue (la personne se parle à elle-même).

K pour Kinesthésique, **Ke** pour Kinesthésique externe (la personne est touchée ou ressent une sensation externe), **Ki** pour Kinesthésique interne (la personne ressent une sensation interne).

O pour Olfactif (la personne sent quelque chose).

G pour Gustatif (la personne goûte quelque chose).

→ Ce qui fait que la situation imaginée en début de chapitre (Je lis ce livre, j'ai soif, je me dis...) sera codée de la façon suivante :

Les stratégies / 127

A quoi cela sert-il ?

Ce niveau d'analyse du fonctionnement de la pensée humaine est le plus subtil, le plus détaillé — le plus « atomique » dirais-je, conçu à ce jour. Il nous éclaire sur le fonctionnement de notre pensée, présente tous les actes de la vie. Ce niveau de précision fine est donc appelé **stratégie.**

Nous avons besoin de stratégies pour tous les actes de la vie, même ceux que nous appelons « réflexes ».

→ Prenons comme exemple le réveil du matin. La stratégie de Philippe est la suivante :

Ae ⟶	**Ae/Ai** ⟶	**Ke** ⟶	**Ad** ⟶	**Ke**
P. entend le réveil	Il le reconnaît	Il s'étire	Il se dit : « Je dois me lever »	Il se lève

→ Anne a choisi d'attendre d'avoir la sensation de faim pour manger.

Ki ⟶	**Ac** ⟶	**Ve** ⟶	**Ac** ⟶	**Ke**
A. ressent un creux à l'estomac	se dit : « Je pourrais bien manger qq chose »	regarde sa montre	se dit : « Je vais me préparer un sandwich »	mange

> La connaissance fine des stratégies permet de les modifier, de les compléter quand elle ne donnent pas satisfaction.

→ Voici encore comment Anné Linden explique la stratégie de Robert « pour ne pas aller au cinéma » :

Ac ⟶	Ke ⟶	Ve ⟶	Ac ⟶
R. a du temps : « J'irais bien au cinéma »	Il va chercher le journal	il regarde les programmes	il se dit : « J'irais bien voir M. X »

Ae ⟶	Ae/Ac ⟶	Ae ⟶	Ke
Lily lui dit : « Ne me laisse pas seule »	Il compare les deux projets : aller et rester	R. dit : « Je reste avec toi »	Il reste

Explication du codage :

Ac — Robert a du temps. « J'irais bien au cinéma » est une phrase que Robert se dit à propos d'un projet qu'il vient de faire.

Ke — il va chercher le journal. C'est bien un acte de déplacement de son corps.

Ve — il regarde les programmes. Il s'agit bien d'une opération visuelle externe.

Ac — il se dit « J'irais bien voir M. X. » (dialogue interne qu'il n'a jamais tenu auparavant).

Ae — Lily lui dit : Ne me laisse pas seule. Il s'agit d'une personne externe à Robert qui parle.

Ae/Ac — Robert met dans sa tête, côte à côte, les deux éventualités : « Ne me laisse pas seule » et « J'irais bien voir M. X. »

Ae — Ayant choisi, il dit à Lily : « Je reste avec toi ».

Nous avons des stratégies pour tous les actes de la vie : réfléchir, se lever, préparer le petit déjeuner, se laver, choisir des vêtements ou des vacances, un modèle de voiture, un film à la télé, se déplacer, travailler, faire des courses, bricoler, écouter de la musique, faire l'amour, déplacer une chaise, entrer en contact avec les autres, obtenir des informations, donner son avis, dire ses sentiments, ses émotions, séduire, négocier, se disputer, consoler, cajoler quelqu'un, écouter, etc.

Le critère le plus important pour juger de la qualité d'une stratégie, c'est la réussite atteinte par rapport à un objectif.

Certaines stratégies sont très simples, comme par exemple ma stratégie pour écouter ce que j'appelle de la bonne musique.

Ki ⟶	Ac ⟶	Ke ⟶
J'éprouve une sensation d'envie de...	Je me dis : Je vais mettre un CD	Je me déplace vers ma chaîne

Ve ⟶	Ke ⟶	Ae
Je regarde les CD. J'en choisis un	Je le mets dans le lecteur	J'écoute

Il existe des stratégies pour m'encourager à étudier. Des stratégies de persuasion, de motivation, de bien-être. Et même de dépression. C'est la grande découverte intéressante de la PNL.

> **Pour réussir quelque chose, il faut des stratégies mentales. Pour réussir un plat, une rencontre, une œuvre d'art. Sa vie. Ou se déprimer.**

Si on ne peut pas dire d'une façon absolue qu'il y a de bonnes et de mauvaises stratégies, il faut cependant reconnaître qu'il y a dans les stratégies de réussite, des opérations qui sont préférables à d'autres, ou des syntaxes qui donnent de meilleurs résultats que d'autres.

Pour rester avec l'exemple simple de ma stratégie pour écouter de la musique, il est évident que si je me déplace vers ma chaîne sans l'intention de choisir un disque, le résultat sera peut-être que j'aurai fait un peu d'exercice physique, mais si, dans la construction de la syntaxe de ma stratégie, il manque une ou deux opérations, le résultat ne sera pas celui de l'objectif que je m'étais fixé : « Ecouter de la musique ».

Connaître les stratégies, pour quoi faire ?

Pour en améliorer la syntaxe, par exemple. Pour les compléter. Pour les modifier, quand c'est nécessaire.

Comment modifier une stratégie ?

→ Prenons **un exemple.**

Nathalie souhaiterait avoir envie de nager avec son fils Boris, mais elle y renonce souvent, parce qu'elle trouve l'eau trop froide.

Quelle est sa stratégie actuelle pour ne pas atteindre un résultat qu'une partie d'elle-même voudrait cependant atteindre ?

Ad ⟶	Ke ⟶	Ve/Ad ⟶	Ki−
Nathalie se dit : « Je devrais aller au lac avec B ».	Elle part au lac avec B.	Elle voit l'eau et se dit : « Elle est sûrement trop froide ».	Elle éprouve une déception.

Voilà un processus que Nathalie connaît bien.

A l'analyse des opérations que contient cette stratégie, on peut rapidement déceler que c'est la 3ᵉ opération (Ve/Ad) qui prépare son sentiment K d'échec (c'est pourquoi, il est noté K−).

Evidemment, c'est un changement de syntaxe (avec suppression de cette 3ᵉ étape) qui serait le changement le plus simple à décrire.

Mais probablement serait-il plus efficace de changer cette 3ᵉ opération par une opération Ac/Ke « J'y vais », suivi d'une entrée dans l'eau.

Pour y parvenir, Nathalie, ayant lu et relu cet ouvrage — et en particulier ce chapitre —, peut « fabriquer » cette opération, par acte de prise de conscience et de volonté.

Une 3ᵉ opération qui « marcherait » bien serait un dialogue interne Ad, du genre : « Oui, je pense que l'eau sera froide. Mais la récompense de voir Boris heureux de nager avec sa maman dépasse tout. J'y vais.»

Avec l'aide d'un praticien, elle pourrait faire un «changement d'histoire personnelle» (voir ci-avant), qui l'aurait amené à réactiver un souvenir très positif de sensation de bien-être dans l'eau. Il lui aurait certainement ancré positivement ce souvenir pour que cette ancre puisse l'aider au moment d'entrer dans l'eau.

Et on pourrait écrire quelques volumes d'exemples, puisque, comme je vous le disais plus haut, tout ce que nous faisons passe par ces stratégies mentales dont il est question dans ce chapitre.

Une autre bonne raison de s'intéresser à cela — la meilleure sans doute — c'est que, en fait, les gens discutent beaucoup de stratégies mais en restant à un niveau d'analyse qui n'est pas assez fin, assez pointu.

Les gens qui réussissent aiment assez souvent s'en vanter, même sous le couvert d'expressions plus ou moins hypocrites.

Les autres — ceux qui ne réussissent pas — cherchent à savoir comment font les premiers.

Depuis des siècles, on écrit des recettes de succès qui laissent les seconds sur leur faim.

Parce que le niveau d'explication est situé trop haut (nous verrons, encore au chapitre 9, les niveaux d'analyse [chunking], un apport de la cybernétique).

Cela veut dire que, pour expliquer à une personne déprimée «comment s'en sortir» (ce qui n'est déjà pas un objectif formulé en termes mobilisateurs), M. Tout-le-Monde va peut-être dire à Lucien :
«Ben, mon cher Lucien, le matin, après t'être levé, tu devrais faire un peu de gymnastique ou...», on connaît la litanie des «bons conseils» qui ne servent pas à grand-chose.

Peut-être parce que Lucien, comme une partie importante des gens déprimés, n'a tout simplement pas de bonne stratégie pour se lever.

En analysant ce type de stratégie «pour se déprimer», on observe souvent qu'elles manquent d'opérations visuelles construites (faites d'une image «heureuse» de quelque chose qui pourrait se passer dans la journée).

Ecoutez les «indices» que donnent les déprimés qui s'en sont sortis, ce sont souvent des images Vc qu'ils ont placées en début de séquence de leur stratégie de réveil (une ou deux opérations après l'opération Ae — sonnerie du réveil) : «Je me suis fait une image de mon bureau ensoleillé et garni de belles fleurs» dira telle personne. Tandis qu'une autre nous révélera : «Ce qui m'a "guéri", c'est quand, au réveil, je me suis mis à écouter les bruits de la rue (Ae) et me suis dit (Ad) : "Ah bon, aujourd'hui, je vais sortir et me mêler à la vie de tous ces gens. Je ne vais tout de même pas rester au lit éternellement. Il y a mieux à faire".»

Mais la connaissance des mécanismes des stratégies est surtout intéressante pour :

Apprendre à modéliser des stratégies de réussite

Les gens heureux n'ont pas d'histoire, a-t-on beaucoup entendu dire. Aujourd'hui, on peut nuancer cette affirmation en déclarant :

> **Les gens heureux et les gens qui réussissent ont des stratégies performantes.**

Et ces stratégies, on peut les repérer (notamment en observant les mouvements oculaires) et en interviewant ces personnes-là.

• Que ce soient **de simples bonheurs,** comme la soupe aux oignons de ma grand-mère :

Je sens de la soupe, cela me fait penser aux potages que me faisait ma grand-mère, je la vois et l'entend dans sa cuisine, et je me sens bien grâce à cela.

Ce petit moment de bonheur sera représenté par :

Oe →	Gm →	Vi/Ai →	Ki +
olfactif ext.	gustatif mémor.	visuel + auditif mémor.	kinesthésique interne positif
je sens la soupe	je me souviens de celles de GM	je vois et entends GM dans sa cuisine	je me sens bien

• Que ce soit **pour modéliser des savoir-faire exceptionnels,** comme l'art de composer de Maxime Le Forestier, l'art de redresser une entreprise de Bernard Tapie, l'art d'animer une réunion de René Haupeman, de préparer les pommes dauphine de Jacqueline Oudin, l'art de goûter le temps de Lucien Gerke.

Tous ont pour cela des stratégies exceptionnelles. Des stratégies de haute qualité. Des stratégies qu'on appelle maintenant :

> **des stratégies d'excellence**

Et l'avenir est des plus prometteurs en matière de modélisation de stratégies d'excellence.

Alain Moenaert se prépare à modéliser des guérisseurs.

Je pense d'ailleurs qu'il sera bientôt possible de modéliser de nombreuses stratégies dans les mondes médicaux, scientifiques et organisationnels.

La PNL, promesse prodigieuse pour l'enseignement

De nombreux enseignants en sont conscients — et en éprouvent un «malaise» : l'enseignement est davantage organisé autour de la notion d'échec que de réussite.

Ceux qui, parmi eux, se sont d'ores et déjà intéressés aux apports de cette discipline nouvelle m'ont dit obtenir des résultats pour le moins surprenants, tels que :
— la clarification des différences entre un souhait et un objectif

ou encore, en matière de motivation :
— Comment construire des stratégies de motivations ?

et encore :
— Comment s'accorder à une classe de 25 élèves ?

Toutefois, je ne résiste pas au plaisir de vous raconter l'expérience de synchronisation, vécue par Christine Liesse, avec un élève dont le travail scolaire était sérieusement compromis par sa difficulté à avoir de l'ordre — et dans ses affaires, et dans son travail.

«Un jour, en sortant de l'école, j'aperçois cet élève, accroupi, dans la rue, près de sa mobylette. A sa droite, il avait disposé, sur la chaussée, les pièces qu'il avait démontées. Et tout cela dans un bon ordre, qui m'a d'abord donné envie de lui faire "la leçon".

C'est à ce moment que je me suis rappelé l'importance de la synchronisation *avant* l'intervention. Je me suis donc mise à lui poser des questions sur la fonction des pièces étalées.

Après quelques échanges — après avoir "calibré" que nous étions dans cette "relation puissante" dont parle la PNL —, je me suis risquée à dire : "Je constate que, pour réparer ta mobylette, tu as choisi de ranger les pièces dans un ordre qui, sans doute, te convient..." C'est sa réponse qui fut une superbe récompense : "Merci, M'dame, pour le cours particulier... J'ai compris !"»

Je ne développerai pas cet aspect important des applications de la PNL, celles-ci étant hors de mes compétences.

Et comme les expériences en cet important domaine sont encore en cours, il faudra s'armer de patience pour pouvoir lire des recensions intéressantes en la matière.

Ou lire les ouvrages non spécialisés, pour en dégager des applications pratiques.

Comme cette stratégie originale expliquée par A. Robbins au sujet des mots dont l'orthographe s'avère particulièrement difficile, comme en français le mot *shampooing**; une stratégie consistant à épeler, à haute voix, le mot à l'envers (stratégie Ve/Ae) :

«-G.» «-N.» «-I.» «-O.» «-O.» «-P.» «-M.» «-A.» «-H.» «-S.»

(Il peut être nécessaire de répéter la stratégie plusieurs fois.)

Essayez! A. Robbins prétend qu'en appliquant cette stratégie, vous ne vous tromperez plus jamais!

Les Méta-Programmes

Il me paraît judicieux de donner une place particulière à ce que la PNL appelle *Méta-Programmes*.

Il s'agit en effet, à mon avis, de notions déjà très présentes dans la psychologie classique, mais qui sont souvent présentées dans les milieux PNL comme un concept original. Les PNListes de la 2e génération ont davantage travaillé sur ce concept.

→ **De quoi s'agit-il?**

Compte tenu de l'ensemble des composants éducatifs que chacun de nous rencontre en grandissant, et aussi de certains aspects de notre tempérament, il se dégage pour

---

* Je remercie Claire Trognon pour avoir trouvé l'un des mots sur lesquels butent fréquemment les lycéens.

chacun de nous des tendances marquées dans la façon dont nous réagissons aux autres et aux événements. La PNL appelle *Méta-Programmes* ces tendances.

Les méta-programmes proposent de considérer ces axes de tendances personnelles pour appréhender la CdM de nos interlocuteurs.

Je retiendrai ici quelques-uns de ces axes principaux.

Les Méta-Programmes dont disposent nos semblables

1. *L'axe Soi/Autres*

Sans qu'il s'agisse nettement d'égoïsme ou d'égocentrisme vis-à-vis de l'altérité ou de la bienveillance, force est de constater que la psychologie classique nous renseigne depuis longtemps sur une tendance à considérer la réalité, soit en fonction de soi-même, soit en fonction de l'autre (des autres).

Tenir compte de cette tendance contribue, d'une façon tout à fait appréciable, à réussir une relation d'influence.

2. *L'axe se diriger vers/quitter*

Les individus mènent leurs actions, prennent leurs décisions — dans leur esprit — soit pour «se diriger» vers un objectif enviable, soit pour «quitter» une situation moins enviable.

Exemple :
Il y a des gens qui se fixent l'objectif d'arrêter de fumer pour éviter (quitter) le risque de faire un cancer du poumon. D'autres pour gagner (se diriger vers) une bonne santé.

3. *Les tris primaires*

Il s'agit de prendre ici en considération ce que nous enseignent l'observation la plus directe des gens et la psychologie la plus élémentaire, populaire.

Comme il n'est pas possible à notre cerveau de prendre en considération l'ensemble des éléments que nous présente la Réalité, tout un chacun se voit obligé de prendre certains aspects en considération avant d'autres.

Nos contemporains se caractérisent donc par le fait de privilégier l'importance accordée aux :
— **gens** (je fais telle chose parce que cela me permettra de rencontrer X);
— **activités** (je prends telle décision parce que cela me permettra de faire...);
— **lieux** (je vais à tel endroit parce que je m'y sens bien...);
— **choses** (j'aime cet hôtel parce qu'on y trouve beaucoup de confort);
— **informations** (je considère les caractéristiques comme étant de première importance).

Intérêt de la prise en considération des Méta-Programmes

Si, dans une relation d'influence, il apparaît utile de donner un feed-back* à son interlocuteur (ce qui est souvent judicieux lorsqu'on aide quelqu'un) ou pendant une vente, il est opportun de s'accorder aux tris primaires de son interlocuteur.

Exemple :
Jean dit : « Parce que, vous comprenez, il faut que les gens se sentent bien à l'aise dans cet hôtel ».
Feed-back opportun de Paul : « J'entends que vous êtes sensible aux personnes ».
Feed-back inopportun : « Ils apprécieront notre nouveau système d'air conditionné à température contrôlée ».
(Dans la vie courante, il arrive fréquemment qu'un vendeur poursuive son argumentation par ce genre de

---
* Feed-back : (de l'anglais, rétroaction), explication interprétative de ce que l'autre vient de dire ou faire.

feed-back inopportun. Suit alors un silence de 2 ou 3 secondes que le vendeur ne comprend pas.)

Connaître les intérêts primaires d'une personne s'avère particulièrement précieux lorsque nous cherchons à inviter quelqu'un à se motiver.

L'analyse des méta-programmes contribue à établir le lien puissant dont j'ai parlé plus haut.

C'est la forme première, découverte presque spontanément par la plupart des individus, pour faire preuve d'empathie à l'égard de leur interlocuteur.

Je renvoie le lecteur que cette question intéresse à l'ouvrage de Catherine Cudicio, cité dans la bibliographie en fin de volume.

DES APPORTS MULTIPLES

Il est encore quelques domaines auxquels B&G se sont référés, ou ont fait quelques emprunts.

A savoir : les mondes de la cybernétique et de l'informatique, les méthodes Coué, Kepner-Tregoe et de nombreuses écoles philosophiques.

La cybernétique et l'informatique

La cybernétique est, avec les mathématiques et d'autres sciences (dont la logique), la mère de l'informatique.

J'ai déjà eu l'occasion de répondre aux personnes «sensibles» qui n'aiment pas voir parler d'informatique dans un livre de psychologie, qu'il serait sans doute plus exact de considérer les concepts de cybernétique et de programme comme trouvant leur origine dans la Nature, ce que pourrait leur confirmer tout étudiant en biologie, de niveau universitaire.

En effet, que de régions du monde ont un climat qui fonctionne suivant un schéma cybernétique ! Et combien il faut de programmes, certes des milliers de fois plus subtils que ceux de notre informatique, encore si «grossière», pour qu'une rose pousse dans votre jardin !

Pour rappel, un circuit cybernétique, c'est un système qui s'auto-régule. Comme par exemple le chauffage d'une maison par une chaudière réglée par un thermostat.

C'est donc le traitement d'une série d'informations qui débouchent sur une action, le tout fonctionnant selon un principe d'auto-régulation (la première information du système de chauffage, c'est la « lecture » du thermomètre, laquelle transmet l'information « Mettez-vous en route ! » à la chaudière, laquelle réchauffe la maison jusqu'à ce que la température « lue » par le thermostat redescende sous le nombre de degrés que vous avez choisi).

Le grand intérêt est de considérer, comme B&G l'ont fait, que :

> **La communication efficace est celle qui est considérée comme étant cybernétique.**

C'est qu'elle fait de l'initiateur de la communication le responsable du résultat de la communication.

Dans la pratique de la psychothérapie, la conséquence de cette prise de position — comme pour toutes les communications — est énorme.

Elle signifie que l'*émetteur* de la communication — qui se trouve au départ du circuit cybernétique avec son **intention de communiquer** quelque chose doit observer le *récepteur* et modifier sa façon de communiquer jusqu'à ce qu'il perçoive que son message est bien passé.

L'incidence d'un tel point de vue est « énorme » pour tout les métiers de formation, d'information, d'enseignement, de relation, d'aide.

Plus question de parler de « résistance du patient », d'« attitudes négatives des élèves ou des auditeurs » quand on considère que :

> **Le premier responsable d'une communication, c'est le communicateur.**

Voici ces principes mis en schéma :

La communication réussie ne se résume pas aux intentions du communicateur...

... mais dépend du résultat obtenu

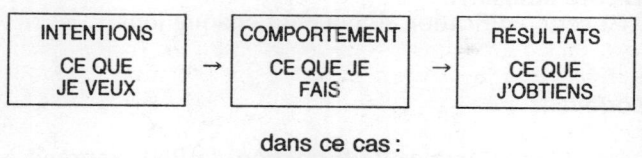

dans ce cas : communiquer

> La résistance d'un interlocuteur est un « message » qui dicte au communicateur qu'il doit mieux s'accorder à son interlocuteur.

Cette notion est extraordinairement **révolutionnaire**!!!

Des modèles précis

Un programme, c'est un **plan,** un **mode d'emploi** pour atteindre un objectif.

Des programmes, nous en avons plein la tête : un par chose que nous savons faire.

Il faut un programme, **organisé en étapes successives,** pour se faire un café, comme pour réussir une négociation difficile.

Un modèle, c'est un programme concernant la construction de programmes. (Il semble que, dans le vocabulaire devenu courant de PNL, on fasse de moins en moins cette distinction subtile, et que l'on parle de plus en plus de modèles, uniquement.)

La PNL propose, comme je l'ai dit au début de cet ouvrage, des modèles d'intervention — au départ limités au domaine de la psychothérapie — mais, finalement, intéressants pour toutes les relations d'influence (ce qui est, je le rappelle, l'objet de cet ouvrage).

De par la richesse de ses développements, la PNL en est arrivée à proposer aujourd'hui, des **modèles de l'excellence humaine.**

Et cette édification se poursuit chaque jour.

Modéliser

Dans les programmes de formation, la PNL apprend à construire des modèles. C'est-à-dire, à faire la même démarche que celle de B&G avec les Super-C°.

Cela s'appelle *modéliser*.

Si vous vous initiez à cela, vous pourrez modéliser l'art de votre grand-père d'affûter ses lames ou l'art de votre grand-mère de faire ses confitures tout comme vous pourrez modéliser le meilleur vendeur de votre entreprise, le meilleur négociateur social de votre région, etc.

C'est-à-dire que vous apprendrez à observer comment ils font, avec plus de finesse que par le passé*, à les interroger et à obtenir un niveau d'information nettement plus précis, plus efficace qu'auparavant.

---

* Et cela marquera peut-être la fin des livres-recettes du type *Comment réussir...*

Niveaux d'analyse (Chunking)

Pour pouvoir créer des modèles, il faut pouvoir situer chaque information à sa place la plus juste.

Enfants, nous avons tous joué à donner «notre adresse la plus complète», à savoir:

> *Guy Lefort,*
> *Champs des Bois, n° 3*
> *commune: Ophain*
> *pays: Belgique*
> *continent: Europe*
> *planète: Terre*
> *galaxie: Voie lactée*
> *univers: l'univers connu*

En 34 945, ces précisions seront peut-être utiles si, à côté de Guy Lefort, prendra place un élève dont l'identité complète sera:

> *WXZ2 R2D4*
> *satellite habité: GSS 231*
> *lié à la planète: Jupiter*
> *galaxie: M131*
> *univers: 4BIS inversé ◊ # / § ※*

Ce «petit jeu» est devenu l'objet d'une leçon à connaître lorsqu'il fallut apprendre le classement des animaux:

> *les oiseaux et les félins appartiennent bien à l'ordre des animaux — les canaris appartiennent bien à l'ordre des oiseaux, mais pas à celui des félins.*

La gymnastique de l'esprit qui consiste à «classer» puis, plus tard, à se retrouver dans ces classements, est appelée **chunking** (voir schéma ci-contre).

Pour bien utiliser les millions d'informations contenues dans notre cerveau, il importe de «chunker» convenablement (si vous me pardonnez cet anglicisme plus que barbare).

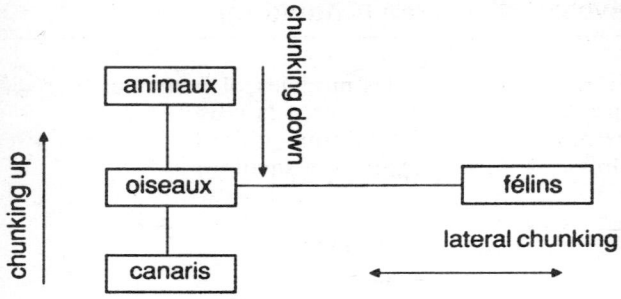

Les gens habiles — ceux qui réussissent, qui sont capables d'actions, de comportements d'excellence, « chunkent » avec facilité, c'est-à-dire situent bien les choses les unes par rapport aux autres, mais aussi sont capables de considérer les choses à partir de plusieurs niveaux d'analyse.

La Méthode Coué

On a souvent ri de Monsieur Coué, pharmacien de son état, et inventeur d'une « méthode » de renforcement d'un Etat de Ressource, concernant la santé, à laquelle il a donné son nom : la Méthode Coué*.

J'ai souvent pensé à lui, en suivant ma propre formation en PNL. Je pensais qu'il eût été ravi de voir se développer une « école » comme la PNL.

Quelque temps plus tard, j'ai appris que B&G le connaissaient et qu'ils lui ont « emprunté » la notion d'**intention positive,** à l'origine de tout comportement.

---

* *La Méthode Coué*, Marabout service n° 28.

La Méthode Kepner-Tregoe

Kepner et Tregoe ont créé une excellente méthode d'analyse logique des problèmes dans le monde des organisations. La méthode, qui porte leur nom, s'avère également efficace pour l'analyse dans la vie quotidienne.

Les méthodes de créativité

Les méthodes de créativité* n'appartiennent à personne. Ni à Archimède, ni à aucun artiste.

Certains milieux, comme par exemple les milieux de la publicité aux USA, ont traité le mécanisme créatif de manière telle qu'ils ont réussi à favoriser les conditions de son émergence, et plus particulièrement en groupe, et pour la vie professionnelle.

B&G ont fait certains emprunts à ces formateurs.

---

* Voir *Réussir ses réunions, la résolution des problèmes en groupe et les techniques de créativité,* René Haupeman, Marabout service n° 1830.

Les philosophies

Il n'est pas facile de préciser — hormis quelques tendances — quelles ont été les inspirations philosophiques de B&G, tant il semble, sur ce plan, que leur angulaire ait été particulièrement large.

Comme ils ont travaillé en Californie dès les années 60, il n'est pas étonnant de les voir se rallier au mouvement philosophique et psychologique qui anime cette partie particulièrement féconde des Etats-Unis, qui a nom *Mouvement du Potentiel Humain*. Ce mouvement, comme son nom l'indique, tient en haute considération **l'énorme potentiel de ressources** qui « habite » chaque être humain. En cela, il rejoint de nombreux penseurs et philosophes orientaux et européens.

Comme les premiers gnostiques — qui avaient déjà développé le concept d'EdR, Maître Eckhart ou Sri Aurobindo — qui nous invite à chercher ce qu'il appelle l'étincelle divine en chacun.

DÉFINITIONS ET PRÉCISIONS

J'ai lu un jour quelque part qu'un essai relatif à une matière difficile, pour être impressionnant, se devait de proposer, d'emblée (dès les premières pages) une définition précise de la matière traitée.

Je n'ai donc pas fait un essai impressionnant, puisque ce n'est qu'ici — en fin de première partie — que je propose mes premières tentatives de définition de ce qu'est l'excellence en matière de communication, de flexibilité comportementale.

Les pages qui suivent vous présentent **trois définitions** sous la forme de tableaux :

— Définition de la Programmation Neuro-Linguistique

— L'excellence dans la communication

— Clés pour l'excellence

LA PROGRAMMATION NEURO-LINGUISTIQUE (PNL)

— **DÉFINITION** —

La PNL traite des structures fines de l'expérience subjective. (Comment utilisons-nous nos ressources pour réussir ?)

Nous utilisons nos **ressources**

en les agençant mentalement en **séquences**

de **représentations sensorielles**

Ces séquences forment des **STRATÉGIES**

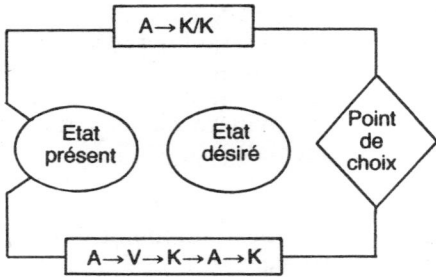

Tous les actes de la vie sont fondés sur des stratégies. Nous disposons de stratégies fixées (notre programmation, qui est limitative). La PNL permet de développer de nombreuses stratégies nouvelles pour atteindre un objectif ambitieux :

L'EXCELLENCE (la performance optimale)

dans *tous* nos comportements (personnels, professionnels, communicationnels.

ressources

connaissances
systèmes
sensoriels
langage
énergies
souvenirs
mémoire
imagination
sensations
méthodes
réflexion
humour
processus décisionnels
capacités communicatives
gamme d'expression
etc.

séquences

opérations,
connexions neurologiques

qui peuvent être :
— visuelles
— auditives
— kinesthésiques
— olfactives

La plupart des gens disposent d'une gamme étroite de stratégies pour agir dans l'existence. La PNL propose de l'élargir amplement.

L'EXCELLENCE DANS LA COMMUNICATION

La communication est un processus cybernétique.

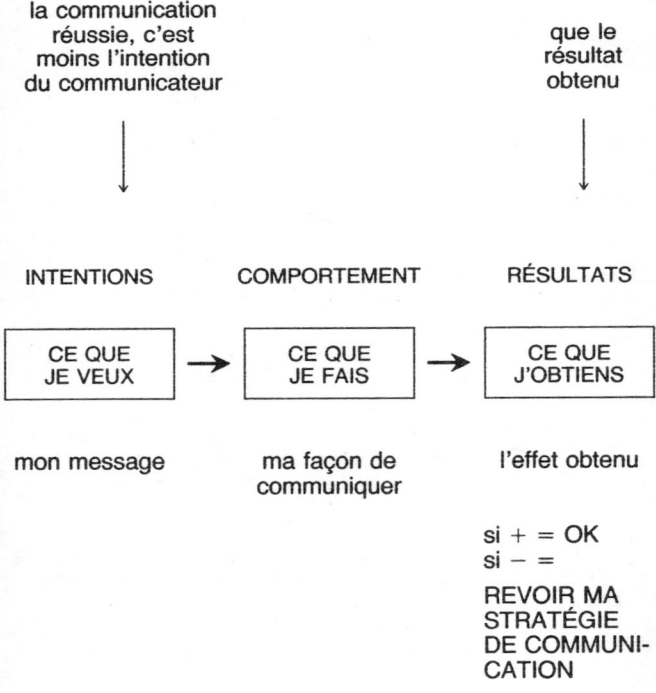

Dans la vie, si le résultat est négatif, on dit que l'autre «résiste», ou «on frappe plus fort sur le même clou» (on répète sa stratégie de communication).

La PNL dit: si ça ne marche pas, c'est qu'il faut mieux **s'accorder**.

Définitions et précisions / 151

▶ S'ACCORDER Etablir un accord à un niveau profond (comme les instrumentistes d'un orchestre).

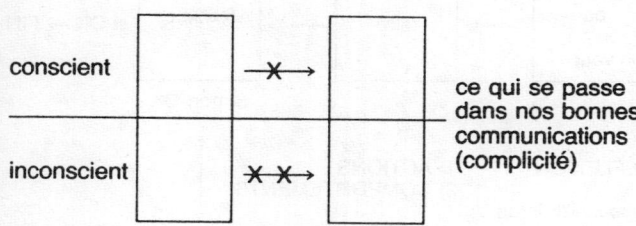

—✗— message verbal volontaire

le bon communicateur se fait caméléon, non rocher (Watzlawick)

✗—✗ accord inconscient atteint par **synchronisation** (de respiration, de voix, de structure du langage, gestes, regard, etc.)
EXPRIME À L'AUTRE QU'ON RECONNAÎT SA CARTE DU MONDE

▶ TENIR COMPTE DES STRATÉGIES DE SON INTERLOCUTEUR

La PNL fournit des modèles qui permettent d'identifier les stratégies mentales de son interlocuteur — et, dès lors, d'accorder son intervention, sa communication.

Un de ces modèles : LES MOUVEMENTS OCULAIRES

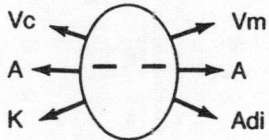

152 / *La Programmation Neuro-Linguistique*

———— CLÉS POUR L'EXCELLENCE ————

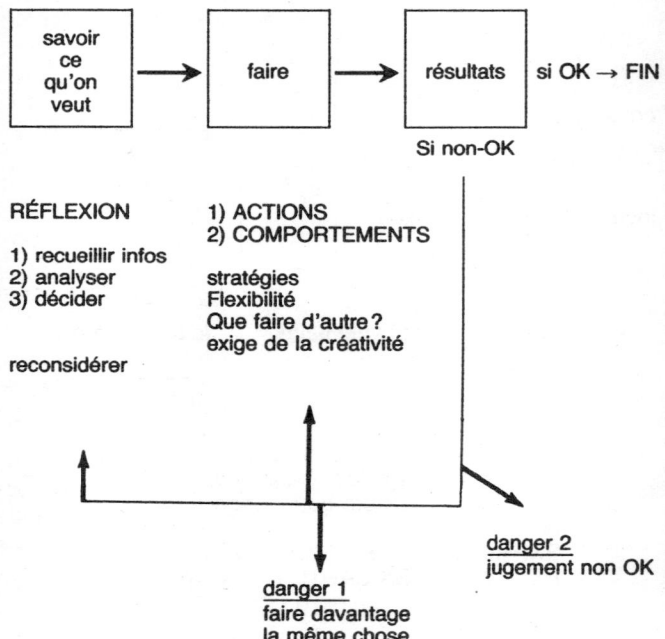

Commentaires

L'excellence, c'est ce qui donne le rendement optimum, c'est-à-dire le meilleur résultat pour la dépense énergétique la plus adéquate.

Savoir ce qu'on veut

Le premier temps de toute action consiste à **connaître ses intentions.**
Beaucoup d'intentions demandent une analyse pour en évaluer la pertinence.
Il s'agit ensuite de **décider quelles actions, quels comportements engager** pour atteindre l'objectif fixé.

Agir, se comporter

Le deuxième temps est celui où l'on agit, où l'on adopte ce qui paraît être **le comportement le plus adéquat.** On sait que nos comportements reposent sur des **stratégies** (dans nos rapports avec les autres, des stratégies de communication).

Les résultats

Toutes nos actions entraînent des résultats. Il n'y a, en cette matière, que **deux possibilités :**

- ou bien les résultats correspondent aux objectifs que l'on s'était fixés dans un premier temps (= OK) et on peut alors poursuivre son travail, sa journée et entreprendre une nouvelle démarche — chercher à satisfaire une nouvelle intention;

- ou bien les résultats ne correspondent pas — et alors deux risques se présentent :

- le *danger n° 1* qui consiste à refaire la même chose « en tapant plus fort sur le même clou » — ce que l'Ecole de Palo Alto appelle « faire davantage la même chose » qui, dans la plupart des cas, ne donnera pas de meilleur résultat;
- le *danger n° 2* consiste à considérer que, « si ça ne marche pas », il y a forcément un coupable (soi, l'autre, la société ou la vie) qui, forcément, est jugé non-OK*.

La flexibilité

Elle consiste :

1. à reconsidérer ses objectifs (ce que l'on veut),
2. à faire *autrement* que ce qui n'a pas marché.

1. Reconsidérer ses objectifs

C'est refaire une analyse de la situation pour y incorporer un élément dont on n'avait peut-être pas tenu compte, c'est compte tenu de l'obstacle rencontré, se re-fixer un objectif plus réaliste (qui tient compte de l'existence de cet obstacle).

2. Faire autrement

C'est se mettre dans un état créatif. Cet état est l'une des bases les plus fondamentales des gens efficaces et... heureux.

Face à l'adversité, l'obstacle, leur attitude fondamentale est :

Comment faire pour trouver une solution à ce problème ?

et lorsqu'une première tentative a échoué :

Comment faire <u>autrement</u> (autre chose) pour y arriver ?

---

* Voir *L'Analyse Transactionnelle*, René de Lassus, Marabout Service n° 35.

Ce que font les praticiens de PNL

La formation à la PNL

Riches des expériences des autres écoles américaines en matière de formation à l'intervention (comme l'Analyse Transactionnelle, la Gestalt et autres), les fondateurs de la PNL ont d'emblée posé des **exigences strictes** en ce qui concerne son apprentissage.

→ **L'apprentissage pratique est plus important que celui de la théorie.**

C'est-à-dire que ceux qui s'engagent (moyennant une participation financière qui n'a, en général, rien de démocratique!) dans une formation de **praticien,** vont, en général, consacrer plusieurs semaines au cours desquelles chaque explication de concept est suivi de sa mise en application. C'est-à-dire que, par rapport à l'enseignement universitaire en psychologie (où la pratique ne fait pas partie des programmes), lorsque les participants passent une demi-journée à s'entendre expliquer l'intérêt de la synchronisation pour établir un lien puissant avec leur interlocuteur, ils vont consacrer plusieurs jours à tenter d'établir ce rapport puissant avec leurs collègues. La formation au titre de **praticien en PNL** est donc avant tout une formation pratique, assez longue et... assez coûteuse!

→ Cette formation doit les amener à **mettre en pratique** tout ce qui est décrit dans les pages précédentes, c'est-à-dire à :
— développer de nouvelles stratégies personnelles
— et notamment de nouvelles stratégies de communication par le développement de leur capacité à réussir des relations d'influence par :

- l'établissement d'un lien puissant avec leur interlocuteur rendu possible par :
    - la calibration (capacité d'observation fine des gestes, des micro-comportements, notamment les mouvements oculaires)
    - le repérage des stratégies VAKO
    - la synchronisation physique et verbale
- la découverte d'autres Cartes du Monde
- définir aisément un cadre d'intervention
- conduire une intervention selon un plan, étape après étape
- établir des objectifs
- trouver les intentions positives d'un comportement
- faire usage du Méta-Modèle
- « chunker » avec souplesse
- accroître sa flexibilité
- employer des métaphores
- utiliser les modèles PNL :
    - l'ancrage
    - le recadrage
    - le Modèle Général d'intervention
    - les associations et dissociations
    - le modèle « Comme si »
    - la réactivation des Etats de Ressources
    - le Générateur de Nouveau comportement

Pour la relation d'aide, il faut ajouter :
- les apports de l'hypnose éricksonnienne
- le travail sur les différentes parties du Moi.

Les milieux qui organisent ces formations sont en pleine effervescence.

Chaque jour naissent des nouveaux modèles que d'aucuns entendent proposer aux milieux d'affaires, à l'enseignement, au monde médical, aux femmes, etc.

Comme annoncé, je ne traite, dans la deuxième partie de cet ouvrage, que des modèles relatifs à la relation d'influence, sous le nom de « Techniques d'influence ».

POURQUOI ÇA MARCHE

L'homme est toujours un loup pour l'homme

Cette fin de siècle présente des paradoxes surprenants. D'un côté, des hommes s'entretuent toujours avec pas mal de bestialité. D'autre part — et en même temps — le sens de la diplomatie envahit de plus en plus de milieux organisés, tandis que, dans la vie de famille, d'amitié — et même parfois professionnelle — émerge une demande de reconnaissance du caractère humain de chacun. Quand ce n'est pas très explicitement une demande de tendresse.

Attention! Nous sommes maintenant bien avertis de ce que considérer qu'il y a, d'une part, le monde civilisé et, d'autre part, un tiers monde, souvent barbare, serait une généralisation fortement abusive.

Parce qu'ils ne manquent pas — même du côté occidental —, les milieux où l'homme reste un loup pour l'homme. Je ne m'étendrai pas sur ce sujet.

Néanmoins, il faut bien prendre en compte la réalité suivante: hormis dans les couples et les familles qui vivent dans une grande harmonie, dès que l'on est deux personnes l'une en face de l'autre, il existe toujours — et je suis convaincu que ceci n'est nullement un quantificateur universel! — un risque de **crainte**, d'**anxiété**, dû à la présence de l'autre.

Même entre collègues, parfois amis, qui se connaissent de longue date, cela peut arriver. Pour toutes sortes de raisons.

Il est facile de trouver des exemples du côté des risques « forts » : dépréciation, ironie, dévalorisation, etc.

Pour se convaincre de la justesse du titre de ce chapitre, laissez-moi vous raconter une scène vécue — du côté des risques « faibles ».

Michel H. était ce qu'on appelait un self-made-man, un autodidacte. Or, il animait avec succès des séminaires pour directions. Il n'était pas rare qu'à l'heure du déjeuner, quelqu'un s'ingénie, à table, à lui poser, sur un ton très anodin, la question :
« Lorsque vous vous êtes présenté ce matin, Michel, j'ai eu — veuillez m'en excuser — un moment d'inattention, et je n'ai pas bien entendu quelle était votre formation ?
Michel H., qui était très assertif sur ce point, répondait :
— Je suis autodidacte.
— Et cela ne vous gêne jamais dans l'exercice de votre métier ?
— Non, merci. » répondait Michel H.

Moi qui l'ai connu, je sais bien qu'il trouvait ce genre de petite provocation très désagréable.

Pas au point de se faire du souci, mais désagréable tout de même.

Voilà. J'ai volontairement choisi un exemple où la « menace » — le côté « loup pour l'autre » — est assez faible, et ses conséquences très limitées, et sans gravité pour la victime.

Or, comme le démontre l'Analyse Transactionnelle, les humains « aiment » bien se faire peur. Comme beaucoup de personnes cherchent, assez peu consciemment, à transformer l'autre en Victime, même si le mot peut vous paraître fort. C'est pourtant bel et bien à ce type de « jeu psychologique » que joue l'interlocuteur de Michel H.

Dès lors, il est permis de dire que même si la menace est bénigne, elle est vécue comme une **menace « qui compte »**.

L'homme a appris à se défendre

Comme j'ai déjà eu l'occasion de le développer dans mon ouvrage *Oser être soi-même* (MS n° 2002), lorsqu'il ressent le moindre sentiment de menace, l'être humain — qui ne peut nier ses origines animales — a, à sa disposition, trois façons de réagir.

Deux sont naturelles, et il n'a pas besoin d'être éduqué à cela — il n'a qu'à suivre ses « programmes » d'animal supérieur, ce sont :
— la **fuite** et/ou
— l'**agression**.

Le troisième moyen le plus répandu de faire face aux différentes formes de menaces, c'est, lui, un moyen dont ne disposent — en bonne analyse — que très peu d'animaux, c'est ce qu'il faut appeler :
— la **manipulation**.

Sous ce dernier vocable se retrouvent toute une série de comportements, qui, s'ils sont bien un apanage humain, en assurent moins la supériorité qu'il n'est prétendu : ce sont le mensonge, la tromperie, la menace, l'évitement.

Depuis une quinzaine d'années se sont développés, aux Etats-Unis, de nombreux stages de ce que les Américains appellent « assertiveness » — en français **Assertivité**.

L'Assertivité ou Affirmation de Soi, c'est une façon de **faire face aux autres**, en osant être soi-même, sûr de ses droits, et en choisissant cette voie médiane plutôt que celles, plus habituelles, définies ci-dessus.

Pour y arriver, des chercheurs américains ont mis au point une série de techniques adaptées aux situations délicates de la vie. C'est l'objet de l'ouvrage cité ci-dessus.

S'accorder rompt la menace

Ce que les Super-C° semblaient avoir bien compris, c'est que la situation de rencontre à des fins psychothérapeutiques est vécue, pour la grande majorité des personnes qui entreprennent ce type de démarche, comme aussi menaçante que toute autre forme de rencontre humaine. C'est la raison pour laquelle ils ont choisi de traiter cette première difficulté de la relation d'aide en **s'accordant** à leur interlocuteur par la synchronisation physique et verbale, comme je l'ai amplement décrite jusqu'à présent.

Si l'effet de ce qui est maintenant devenu « le » modèle de synchronisation est si important, c'est que :

> **La synchronisation agit sur l'inconscient comme un puissant réducteur de menace.**

Comme la vie vous l'a sûrement appris, il ne suffit pas de déclarer à son interlocuteur qu'à aucun moment on ne sera une menace pour lui — rappelez-vous le risque de menace anodine — pour qu'il le croie.

C'est-à-dire qu'une déclaration « franche et nette » peut nous convaincre au niveau conscient, nous n'en restons pas moins des êtres à la sensibilité extrêmement farouche, sur le plan inconscient.

Voilà pourquoi la synchronisation agit « comme par magie ».

De l'inédit pour notre cerveau

Quant aux autres modèles de PNL, l'explication concernant la puissance de leur application est simple.

Si, devant certains obstacles de l'existence, nous butons — et rebutons (en faisant « plus de la même chose ») — c'est que nous n'avons probablement pas exploré une façon d'agir qui soit la bonne, à cause de nos habitudes de fonctionnement.

Or, rappelez-vous, nos façons d'agir, ce sont nos stratégies. Nos stratégies, ce sont des suites d'opérations, des séquences VAKO organisées.

Utiliser les modèles PNL qui agissent sur nos stratégies, c'est généralement :

> **Créer une réorganisation, tout à fait inédite, de nos stratégies.**

C'est un peu comme si, dans l'immense « moteur » de nos actions qu'est notre cerveau, on remplaçait une pièce qui ne s'y trouvait que par erreur, par la bonne.

Voilà pourquoi les modèles de synchronisation et de réorganisation de nos stratégies « marchent » si bien en PNL.

LES ÉNERGIES QUI ALIMENTENT L'EXCELLENCE

> « L'attitude juste fait l'instant réussi. »
> J.-L. Servan-Schreiber in *Le Retour du courage*

L'état d'excellence est le nom donné par la PNL à cet état de haute performance (la performance optimale) que nous avons tous atteint au moins une fois dans notre vie*.

Que ce soit dans n'importe quel domaine de la vie, nous avons tous, un jour ou l'autre, fait quelque chose avec succès. Dans les chapitres qui précèdent, j'ai déjà eu l'occasion de préciser que l'un des objectifs de la PNL était de nous permettre de réactiver nos énergies physiques et mentales utilisées dans un de ces moments que la vie ordinaire n'a que trop tendance à considérer comme extraordinaires (au sens premier du terme).

« Mens sana in corpore sano », disait déjà Juvénal, en 356. Il va de soi que l'état d'*excellence* est hautement favorisé par la qualité de soins que l'on apporte à son organisme.

---

* Pour apprécier positivement cela, je vous invite à laisser de côté le « petit juge » qui existe dans votre tête (votre Parent Normatif, comme dit « L'Analyse Transactionnelle » — voir Marabout Service n° 35).

Les gens qui réussissent des performances de haute qualité — les Super-C° et les autres — se caractérisent par un souci constant du traitement de leurs aptitudes physiques et mentales.*

La plupart d'entre eux se nourrissent avec une certaine simplicité et pratiquent des exercices de santé. Bon nombre d'entre eux pratiquent soit du yoga, soit des «exercices zen», souvent de la méditation Zéro (voir p. 266) — et ce, la plupart du temps, sans démonstrations ostensibles. Les Super-C° et les gens qui atteignent des niveaux d'excellence ne sont pas des nostalgiques du mouvement hippie et pas forcément adeptes du Nouvel Age. Ils considèrent tout simplement qu'il y a de bonnes choses à prendre dans les «écoles philosophiques et physiques orientales» et ils ne s'y engagent qu'après une analyse approfondie (une démarche que j'ose recommander).

Comme il y a aujourd'hui pléthore d'ouvrages de qualité consacrés aux apports des différentes disciplines orientales et à leur bonne intégration dans nos manières de vivre occidentales, je ne vais pas développer ici de considérations à ce sujet. Je n'en ai pas la compétence. Par contre, je vous propose de terminer la première partie de cet ouvrage par un ensemble de considérations que j'emprunte à trois personnes qui me paraissent plus qu'éclairées sur le délicat sujet de la bonne circulation d'énergie et sur les questions d'alimentation et d'«entretien» de notre patrimoine physique: Marcel Delcroix, praticien de médecine initiatique chinoise, Peter Kelder, qui a recueilli des «Secrets tibétains de jeunesse et de vitalité», et Anthony Robbins, PNListe de la deuxième génération et auteur du

---

* Bien sûr, Milton Erickson, l'un des Super-C° observés par B&G, était en chaise roulante par suite d'une maladie contractée pendant l'enfance. Mais à ceux qui l'interrogeaient sur la question, il recommandait des pratiques allant dans le même sens que celles décrites ci-dessus.

premier ouvrage de vulgarisation américain sur le sujet : « Unlimited Power ».

Les deux premiers nous disent que « tout est énergie », mais aussi que la bonne disposition de ses énergies physique et mentale permet la (re)découverte de la santé et du bonheur de vivre (de l'atteinte de l'excellence, ajoute le troisième).

Tous les trois recommandent de **vivre en harmonie avec l'ordre de l'univers** dans un **art de vivre** fait d'une **vie quotidienne équilibrée et harmonieuse.**

Cet art de vivre consiste à considérer notre personne dans sa globalité.

- **Les points forts** de cet art de vivre comprennent :
— le bon équilibre émotionnel (les déséquilibres sur ce plan — notamment les passions — sont autant poisons pour le bon fonctionnement de l'esprit que pour le corps);
— la pureté des sentiments (c'est l'intention positive de la PNL et sa mise en application exigeante);
— une combinaison juste du temps de travail et de repos;
— un respect de l'ordre universel en ce qui concerne les heures de lever, de coucher et de repas;
— une hygiène de vie compatible avec nos activités et le milieu dans lequel nous évoluons;
— une vie sexuelle réglée selon notre force innée, notre santé acquise, notre âge et les saisons;
— une protection rationnelle du corps face aux conditions climatiques.

- En ce qui concerne **l'entretien physique de notre corps,** la préférence doit être donnée à des exercices simples, accomplis sans trop d'effort (le forcing sportif est un non-sens par rapport aux lois de la nature).

- **L'alimentation** en oxygène, en boisson et en aliments est un élément primordial de notre bonne condition physique, donc de notre capacité à bien vivre, à atteindre nos capacités d'excellence.

Je renvoie, une fois encore, aux ouvrages qui traitent de l'art de se nourrir, ces questions n'étant pas de mon ressort.

Les trois auteurs cités insistent toutefois tellement sur quelques points, qu'il me paraît utile d'encore préciser ce qui suit.

— En cette matière si importante qu'est l'art de se nourrir, il est bon de réfléchir, de prendre conscience du degré de connaissance des lois alimentaires du milieu dans lequel on a grandi.

Pour une très grande majorité d'entre nous, ce degré avoisine le zéro.

— Une très grande majorité d'Occidentaux* souffrent de problèmes de fatigue et de tensions psychosomatiques parce que leur alimentation les engorge et les empoisonne plus qu'elle ne leur est bénéfique.

— Il faut apprendre à se nourrir en fonction de la qualité des aliments (Robbins, en particulier, nous met en garde contre deux « mythes » tenaces dans notre société : la place excessive faite aux protéines, aux vitamines et à l'eau) et surtout en fonction de leurs qualités digestives.

— Enfin, tous s'accordent pour nous inviter à mastiquer abondamment nos aliments.

De même, ils s'accordent pour considérer la maladie comme résultant du non-respect de cet ensemble de règles.

Le corps est équipé pour se défendre contre les maladies (auto-guérison) et ce recours à un art de vivre est plus bénéfique que celui fait aux médications, qui détériorent notre organisme.

---

* Il ne s'agit pas de verser dans une considération manichéenne selon laquelle tout ce qui est oriental est bon. Beaucoup d'Orientaux souffrent de malnutrition également. Mais pour eux, il s'agit bien souvent de sous-alimentation.

DEUXIÈME PARTIE

PLAN PROGRESSIF D'AUTO-FORMATION AUX TECHNIQUES D'INFLUENCE DE LA PNL

MODE D'EMPLOI DU PLAN PROGRESSIF
D'AUTO-FORMATION AUX TECHNIQUES D'INFLUENCE

Les fiches d'auto-formation sont présentées dans un ordre préférentiel de progression pour leur maîtrise. (Il est préférable de s'en tenir aux durées proposées.)

L'acquisition des Techniques d'Influence privilégie :

1. tout d'abord, les techniques de synchronisation
2. le Modèle Général d'Intervention
3. le Méta-modèle

Les fiches qui sont consacrées à ces importants modèles sont entourées d'une série de fiches présentant des modèles dont la pertinence d'utilisation varie selon les besoins. Enfin, elles sont accompagnées de fiches de réflexion et d'informations complémentaires.

▶ RÉFLEXION n° 1

MOI ET LE CHANGEMENT

Chaque adulte peut, à n'importe quel âge, penser :
« Avec mes talents personnels, ma sensibilité, mon expérience et ma personnalité, je peux poursuivre le développement de toutes mes ressources (ou de certaines ressources particulières — **c'est moi qui décide**), indépendamment des préjugés selon lesquels « on ne change plus au-delà de... (quel âge ?). »

▶ FICHE n° 1

CALIBRATION, Exercices préparatoires

au total, min. 45 mn

Rappel : la calibration a pour but de repérer les gestes et les micro-comportements.

Dans des situations relativement neutres (rencontres dans lesquelles vous choisissez d'être davantage observateur — comme dans une réunion ou en regardant la télé), apprenez à regarder attentivement, à **calibrer,** les éléments suivants :

1. Posture de la personne (posture générale, haut puis bas du corps, degré d'inclinaison de la tête).

2. Gestes (tête, torse, mains et bras, jambes, genoux, pieds).

3. Micro-comportements du visage (variations de la tension des muscles du visage, plissement des yeux, taille, couleur et mouvements des lèvres, mouvements des narines, etc.).

4. Variations de la coloration de la peau*.

5. Respiration (rythme — pauses, hauteur — haut de la poitrine, milieu ou respiration abdominale).

Pour ces premiers exercices, il est fondamental de s'en tenir strictement à l'observation de ces différents points, en évitant d'interpréter** ce que vous voyez.

Il est également souhaitable de multiplier les personnes observées, pour atteindre un temps minimal de 45 mn.

▶ FICHE n° 2

CALIBRATION, Exercice avec un ami

min. 60 mn

Pour les exercices proposés avec une personne amie, choisissez dans votre entourage une personne qui pourra être le complice de votre auto-formation (c'est-à-dire une personne de confiance, bien disposée à votre égard). Vous pouvez lui expliquer que vous avez décidé d'apprendre quelque chose de nouveau en lui expliquant les principes de la calibration et de la synchronisation, en résumant les premiers chapitres de cet ouvrage (la démarche originale de la PNL et les découvertes de B&G auprès des Super-C°).

Si vous trouvez dans votre entourage une personne intéressée par le partage d'une auto-formation en cette matière — ou si vous trouvez encore une personne supplémentaire (vous seriez donc à trois) — vous vous trouvez alors en de très bonnes conditions pour faire les exercices proposés.

---

* Cet aspect d'observation peut être faussé à la télévision.
** Pour rappel, interpréter, en psychologie, veut dire : donner un sens. Exemple : sa peau devient plus rouge, c'est qu'il est gêné.

1. Définissez un tour des rôles A, B et C.

   C se contente, à chaque fois, de n'être qu'observateur — ce qui est une situation très riche d'enseignement.

2. La personne B invite la personne A à penser — sans rien en dire — à une situation très agréable.

   B doit inviter A à se « mettre intensément » dans l'Etat correspondant au souvenir, à la situation remémorée.

   Pour ce faire, B peut aider de la façon suivante :
   « Vois bien tout ce qu'il y avait de visible dans cette situation. »
   « Entends bien les sons, les voix, s'il y en a, audibles dans cette situation. »
   « Ressens bien avec tout ton corps ce que tu as ressenti dans cette situation. »
   « Fais-moi un petit signe du doigt, lorsque tu te sens en pleine connexion avec ce souvenir heureux. »

3. Lorsque A a levé le doigt, B lui indique que le premier exercice est terminé. Il invite A et C à se dégourdir les jambes pendant quelques minutes, sans commenter l'expérience qui vient de se passer.

4. B invite maintenant A à faire la même chose avec une expérience légèrement désagréable. Il aide à se remémorer les composantes visuelles, auditives et kinesthésiques — comme dans le point 2, ci-dessus.

5. A, B et C font une pause — comme dans le point 3.

6. B invite maintenant A à se remémorer une expérience « assez neutre » (ni agréable, ni désagréable), en utilisant les mêmes phrases.

7. A, B et C font une pause (avec les consignes du point 3).

8. B invite maintenant A à repenser aux 3 expériences dans n'importe quel ordre. Il note tout simplement « agréable », « neutre » ou « désagréable » en se référant à ses observations antérieures.

9. Ensemble, A et C « vérifient » les calibrations faites par B.

10. A et C font à leur tour les exercices effectués par B.

Il est intéressant de pratiquer ceci autant de fois que possible, et pour chaque personne pendant au minimum un total de 60 mn.

▶ RÉFLEXION n° 2

POURQUOI SE SYNCHRONISER ?

Je suis le grand-père d'un adorable petit garçon de 3 ans qui répond au nom de Boris.

L'autre jour, en voyant Boris m'observer avec un regard que j'interprète comme « scrutateur » — alors qu'il est occupé à manipuler des blocs de couleur — je crois percevoir un sens à ce regard interrogateur. « Mais qui est-il, finalement, cet homme en face de moi ? » Bien que conscient de ce que, si ce type de question peut bel et bien figurer au nombre des curiosités d'un enfant de 3 ans, il est évident qu'il ne se la pose pas par une phrase construite de telle façon. Je crois donc percevoir une interrogation, et je me mets à y répondre : « Papy est le papa de ta maman. La maman de ta maman, c'est Mémé. »

Boris cesse alors de me regarder et se replonge dans ses blocs.

Tous ceux qui rencontrent de jeunes enfants connaissent ce type de petite scène.

Méditez cette scène : vous êtes dans la même situation presque chaque fois que, vous, vous voulez intéresser quelqu'un à quelque chose, sans avoir commencé par établir un « rapport puissant » avec votre interlocuteur, qui ne peut — souvent — se « replonger dans ses blocs ».

▶ FICHE n° 3

SYNCHRONISATION   Entraînement à blanc

min. 100 mn

1. Choisissez des présentateurs de TV — dans plusieurs genres (informations, variétés, émissions scientifiques ou politiques) — qui vous sont plutôt sympathiques.
   Imaginez être en face d'eux.

2. Cherchez à vous synchroniser à leur façon d'être assis, de se tenir, à leurs gestes (ne pas synchroniser un tic ou un geste « ridicule »). Consacrez 2 ou 3 fois 20 mn à cet exercice.

3. — Enregistrez (audio ou vidéo) une personne qui raconte quelque chose qui lui est arrivé.
   — Repassez la cassette.
   — « Découpez »-la en « tranches réalistes » (bouts de phrases).
   — Arrêtez la cassette après un bout de phrase (maximum 10 s).
   — Répétez le bout de phrase en imitant* la hauteur de voix (les notes musicales, si vous voulez !) de la

---

* Bien que j'aie insisté (dans la première partie) sur le fait que la synchronisation n'est pas de l'**imitation,** c'est volontairement que j'emploie ce mot pour cet exercice « à blanc ».

En effet, l'imitation s'avère être un excellent moyen d'apprendre à se synchroniser à quelqu'un — à n'utiliser que dans un exercice à blanc.

personne (5 mn). (Même s'il s'agit d'une personne de sexe opposé, faites l'exercice de vous «rapprocher» le plus possible, sans jamais forcer cependant.)
— Répétez les accents mis par la personne dans son récit (mots soulignés, détachés, mots «avalés», chutes de phrases) (5 mn).

Faire ces exercices (3×) pendant un total d'au moins 40 mn à 60 mn.

▶ FICHE n° 4

SYNCHRONISATION   Entraînement à blanc

min. 100 mn

1. Refaites de nouveaux enregistrements.
2. Repassez des sections de phrases d'environ 40 s.
3. Répétez ces bouts de phrases en combinant synchronisation physique (c'est-à-dire attitudes physiques et gestes) et synchronisation vocale (hauteur de voix, volume et rythmes). Prononcez les prédicats avec une très légère accentuation vocale.

Cet exercice étant très important, prolongez-le jusqu'à atteindre un entraînement d'environ 100 mn.

▶ FICHE n° 5

SYNCHRONISATION   Entraînement avec un ami

min. 60 mn

A et B, C comme observateur (voir fiche n° 2).

1. B invite A à converser avec lui sur un sujet agréable (par exemple, dernières vacances).
   B se synchronise non verbalement (gestes, postures, expression du visage, ton, rythme de voix, respiration, etc.) pendant ± 10 mn.
2. Echange des rôles, puis à nouveau 10 mn de **1**.
3. Nouvel échange des rôles.

Que chacun fasse un exercice de synchronisation non verbale pendant un total de 30 mn au moins.

▶ FICHE n° 6

PRÉPARATION À LA SYNCHRONISATION DES PRÉDICATS

max. 20 mn

Exercice à pratiquer seul.

Trouvez à quel système sensoriel correspondent les prédicats présents dans les expressions citées ci-dessous :
Indiquez :
V   pour Visuel
A   pour Auditif
K   pour Kinesthésique
O   pour Olfactif/Gustatif
NS lorsqu'il s'agit d'un prédicat non relié à un système sensoriel, on dit alors prédicat non spécifique.

1. La pilule risque d'être amère.
2. Je me trouve dans une situation qui manque d'harmonie.
3. Cette décision ne doit pas se prendre à la légère.
4. Il s'agit d'une situation tout à fait nouvelle.
5. C'est une idée lumineuse.
6. Voilà une perspective tout à fait claire.
7. Cet homme est très chaleureux.
8. Il a fait ça à un rythme soutenu.
9. Sa pensée est vraiment réaliste.
10. Cela nous permettra de clarifier nos points de vue.
11. J'en ai entendu parler.
12. Elle n'est sensible qu'à du concret.
13. Les perspectives sont des plus brillantes.

Corrigé

1. O / 2. A (*harmonie*, terme se référant aux sons) / 3. K / 4. NS / 5. V / 6. V / 7. K (*chaleureux*, chaleur = sensation) / 8. A ou K parce que *rythme* peut appartenir aux deux / 9. NS / 10. V / 11. A / 12. K / 13. V

▶ FICHE n° 7

ENTRAÎNEMENT RÉCRÉATIF À LA SYNCHRONISATION VOCALE

L'une des formes particulièrement enrichissantes de l'entraînement à la synchronisation vocale serait de faire de l'imitation. Non pas des gens que vous côtoyez souvent, mais, par exemple, d'hommes politiques et de vedettes du spectacle. En prenant des personnalités «typées» pour habituer vos oreilles, d'une part, vos cordes vocales d'autre part, à entendre et reproduire des sonorités différentes de vos propres intonations, de votre timbre, de votre rythme sonore.

— Quelques personnalités politiques, sur lesquelles travailler :
 F. Mitterrand,
 V.G. d'Estaing,
 R. Barre.

— Quelques vedettes du spectacle dont l'imitation élargira votre spectre vocal :
 Raymond Devos (pour le rythme de son débit vocal)
 Renaud, Barbara (pour leur timbre)
 Gabin et Depardieu (pour leurs coups de gueule)

— et encore, sans doute pour le plus grand plaisir de vos amis, les accents (belge, canadien, suisse, méridional, africain), ceci sans moquerie ni vulgarité — pour le plaisir et l'apprentissage de tonalités colorées, riches en modulations différentes des vôtres.

▶ FICHE n° 8

MOUVEMENTS OCULAIRES 1res observations

min. 45 mn

Apprenez à observer les mouvements oculaires des gens que vous rencontrez. Dans votre tête, reliez ces observations à ce que le tableau de la p. 82 vous a appris qu'ils représentaient comme connexions neurologiques chez la personne observée. Cet exercice peut se faire avec pratiquement toutes les personnes que vous rencontrez. Attention! Ne jouez pas à Frankenstein-Freud (c'est le nom que je donne aux personnes qui aiment utiliser les notions de psychologie pour «analyser» et surtout critiquer leurs semblables).

Pour faciliter la partie d'apprentissage de cet exercice, il peut être plus aisé de la pratiquer avec l'observation de personnes interviewées à la télé — ce qui permet de dire à haute voix ce que vous venez d'observer.

Exemple: Vous voyez une personne interviewée lever les yeux à gauche pour répondre à une question posée par un journaliste et vous dites à haute voix: «Image recherchée dans la mémoire».

(Il y a longtemps que les potaches savent que dire les choses qu'il faut apprendre, à haute voix, est une excellente stratégie d'apprentissage.)

▶ FICHE n° 9

OBSERVATION DES MOUVEMENTS OCULAIRES

environ 20 mn

1. Demandez à un proche d'être votre complice pour cet exercice.

2. Demandez-lui de s'installer confortablement face à vous. Dites-lui bien qu'il ne doit pas répondre de vive voix aux questions que vous allez lui poser, mais seulement garder les yeux ouverts et trouver la réponse. Dites-lui que vous faites un exercice d'observation. Dites-lui aussi que, pour la qualité de votre entraînement, vous ne lui expliquerez le but de l'exercice qu'une fois terminé.

Par facilité, j'ai regroupé les questions par catégories correspondant aux différentes opérations mentales. Je vous invite à sauter d'une catégorie à l'autre, à votre convenance.

Opérations mentales	Questions possibles
Images visuelles remémorées	«Quelle était la couleur de la porte d'entrée de votre première habitation?» «De quelle couleur sont les cheveux de la personne ayant les cheveux les plus longs parmi vos amis?» «Quel est l'endroit le plus sombre là où vous travaillez?» «Qu'est-il écrit sur le sweat-shirt le plus amusant que vous ayez vu récemment?» «Quelle était la couleur de cheveux de votre dernier professeur?»

Images visuelles	« Imaginez votre partenaire ayant les cheveux teints (éventuellement, ajouter : autrement). » « Imaginez votre mère dans un uniforme militaire. » « Imaginez le château de vos rêves. »
Auditif remémoré	« Quelle est la première chose que quelqu'un vous a dite aujourd'hui ? » « Quelle est la troisième note* de votre chanson préférée ? » « Quelle personne a, dans votre entourage, la voix la plus forte ? » « Chantez mentalement *Frère Jacques*. »
Auditif construit	« Imaginez le bruit que ferait votre klaxon de voiture si on le remplaçait par une trompette. » « Entendez-vous répondre "demain" à votre facteur qui viendra vous vendre le calendrier des PTT. »
Dialogue interne	« Répétez-vous la question suivante : Qu'est-ce qui est actuellement le plus important pour moi ? »
Kinesthésique	« Imaginez que vous caressez le bord d'un fauteuil en velours. » « Imaginez que vous prenez une bonne douche. » « Quelle est la première sensation que vous éprouvez le matin en vous levant ? »

Certains auteurs avancent le chiffre de 5 à 10 % de gens pour qui ces mouvements oculaires sont inversés.

---

* Il n'est pas nécessaire de connaître le solfège pour répondre à cette question. Remémorez-vous à quel son cette note correspond.

▶ FICHE n° 10

ENTRAÎNEMENT À CONSIDÉRER LES MÉTA-PROGRAMMES DE SON INTERLOCUTEUR

Rappel : les Méta-programmes sont des tendances à privilégier certains aspects de la réalité par rapport à d'autres. (C'est un mécanisme « naturel » d'économie de fonctionnement de notre cerveau.)

Je ne proposerai pas d'entraînement à proprement parler pour cet aspect de la relation d'influence, tant il s'agit d'un élément bien présent dans la psychologie populaire.

Je ne peux cependant que vous encourager à en tenir compte et, peut-être, à vous montrer particulièrement **attentif** à considérer les tris primaires qui ne correspondent pas aux vôtres (voir partie 1, chap. 7).

Rappel des axes les plus fréquents

- l'axe Soi/Autres
- l'axe se diriger vers/quitter
- les tris primaires :
  - les gens
  - les activités
  - les lieux
  - les choses
  - les informations.

▶ RÉFLEXION n° 3

ECOUTEZ PARLER LA CARTE DU MONDE

Apprenez à être attentif à ce que vous révèlent les paroles des gens.

Exemple : Percevez la différence entre ces différents messages :
« C'est bien de me téléphoner » (message contenant un « jugement », dans ce cas, positif)
« C'est gentil de me téléphoner » (idem)
« Ça me fait plaisir que tu téléphone » (message déjà plus impliqué d'une personne quelque peu mal à l'aise avec ses sentiments : « Ça me fait », au lieu de « Je »)
« J'apprécie que tu me téléphones » (donne un message relatif à une satisfaction affective, dont on ne peut être sûr)

et ce dernier :
« Je suis content, heureux que tu me téléphones » (message congruent)

A ceux qui trouvent ceci excessif, je les invite à se souvenir ou à imaginer la façon dont ils ont répondu à la personne dont ils étaient amoureux, au moment où celle-ci ne s'était pas encore prononcée...

JEU-EXERCICE
SUR LE FONCTIONNEMENT DE NOTRE CERVEAU

En lieu et place de conversations diverses, je vous propose de vivre un débat intéressant avec deux ou trois de vos proches.

Débat qui aurait la forme d'un jeu, de type «Trivial Pursuit». Un jeu sans perdant, puisque sans gagnant, si ce n'est vos proches et vous-même, dans la mesure où vous allez sûrement apprendre des choses fort intéressantes.

Matériel nécessaire
Un bon dictionnaire, une grande feuille de papier (ou mieux : un tableau de papier), quelques gros feutres de couleurs (4 ou 5 couleurs différentes), des feutres normaux.

1er temps
Il s'agit d'établir une «Carte des termes de logique et de dialectique» en l'organisant graphiquement de manière telle que vous puissiez ensuite animer une conférence sur le sujet.

Pour ce faire, il vous faut tout d'abord définir les «concepts» liés à ces sujets.

Pour cela, voici la liste des principaux mots en rapport avec les deux disciplines classiques qui traitent des opérations mentales et communicatives qui sont l'objet de la PNL :

logique	**dialectique**
preuve	argument
déduction	argument d'autorité
inférence	contradiction
extrapolation	démonstration
raisonnement	réfutation
syllogisme	discussion
conception	débat
discernement	paradoxe
jugement	postulat
principe	corollaire
analogie	
etc.	

2ᵉ temps
Débattez de ce qui se trouve sur votre tableau.

▶ FICHE n° 11

DÉCOUVERTE DES CARTES DU MONDE

plusieurs heures

Explorez «combien chacun est unique».

Pour ce faire, de nombreuses stratégies sont intéressantes. En voici quelques-unes.

1. Engagez la conversation avec quelqu'un «avec-qui-vous-ne-l'auriez-jamais-fait-auparavant».

2. Observez les gens (à la télé, dans les transports en commun, au cinéma, dans un bar, dans la rue) et essayez de deviner quelle est leur vie.

3. Recueillez des opinions de plusieurs personnes au sujet des questions importantes qui se posent à notre époque.

4. Cherchez à rencontrer des gens très différents de vous et essayez de connaître quelque chose de leur univers.
5. Cherchez à rencontrer des personnes dont la CdM est riche en contrastes : des gens qui aiment à la fois Mozart, la choucroute, la boxe, et le bal musette.

▶ PETIT EXERCICE COMPLÉMENTAIRE

DÉCOUVRIR LES AUTRES CARTES DU MONDE

1. Décidez de « collectionner » les bizarreries qui vous étonnent à propos des autres Cartes du Monde.
   Par exemple, les variétés de mœurs pratiquées dans différents milieux familiaux, professionnels, comme :
   — Dans telle famille, on consulte les aînés avant de prendre certaines décisions.
   — Dans tel milieu professionnel, tel comportement est vraiment considéré comme étrange, alors qu'ailleurs...
2. Faites-en une liste dans un carnet réservé à cet usage.

Variante très utile :

1. Se promener dans la rue, regarder les gens, les affiches et chercher à deviner quelque chose de la Carte du Monde de tous ces gens :
   — un clochard
   — un mannequin
   — un écolier
   — un employé de banque
   — un comédien de théâtre
   — un étranger
   — un handicapé

2. Penser à la Carte du Monde des gens qu'on rencontre moins :
   — les malades dans les hôpitaux
   — les personnes vivant dans des maisons de retraite
   — les agriculteurs
   — les personnes qui travaillent la nuit
   etc.

▶ FICHE n° 12

**SYNCHRONISATION PHYSIQUE ET VERBALE
avec un ami**

---

min. 60 mn

1. A et B, C comme observateur.

2. B invite A à converser avec lui d'un sujet relativement agréable pour A.
   B se synchronise non verbalement et verbalement (mots, vocabulaire) en « soulignant » très légèrement les prédicats employés par A.

3. Refaites l'exercice avec comme sujet de conversation une journée de travail de A.

Rappel : le but de la synchronisation, c'est de faire sentir à l'autre qu'on le comprend, qu'on admet qu'il puisse vivre SA réalité comme il la vit.

4. Echange des rôles A, B, C.

▶ FICHE n° 13

PRÉPARATION À LA TRADUCTION DES PRÉDICATS

max. 20 mn

Rappel : *traduire des prédicats,* c'est les adapter au système perceptif VAKO préférentiel de votre interlocuteur.

Pour l'exercice qui suit, trouvez une façon d'exprimer la même chose dans chacun des trois principaux canaux V, A, K à partir des phrases non spécifiques mentionnées.

Exemple :
« Je crois que les choses vont aller mieux. »
Traduction Visuelle : « Je vois que les perspectives sont bonnes. »
Traduction Auditive : « Je me dis qu'on va réussir à accorder les violons. »
Traduction Kinesthésique : « Je sens que les choses vont se concrétiser positivement. »

Exercice :
1. « Il me semble que votre idée est fort bonne. »
   V :
   A :
   K :

2. « Je pense qu'il changera d'avis. »
   V :
   A :
   K :

3. « C'est difficile de l'amener à raisonner. »
   V :
   A :
   K :

4. « Il importe de prendre différents avis en considération. »
V :
A :
K :

5. Cherchez à traduire des phrases de la vie courante, émises par ceux qui vous entourent.

Corrigé

1. V « Je vois que votre idée éclaire les choses d'un regard neuf. »
   A « Je me dis que votre idée permettra plus d'harmonie. »
   K « Je sens que votre idée, c'est du solide. »

2. V « Je vois qu'il évoluera vers des perspectives qu'il n'avait pas encore entrevues. »
   A « Je me dis qu'il va accorder ses violons. »
   K « Je sens qu'il va débloquer les choses. »

3. V « Je vois qu'il lui est difficile d'envisager d'autres perspectives. »
   A « Je me dis qu'il n'entend pas tous les sons de cloches. »
   K « Je sens qu'il n'a pas les pieds sur terre. »

4. V « J'observe différents points de vue. »
   A « Il faut entendre différents sons de cloches. »
   K « Il faut sentir plusieurs réalités. »

▶ FICHE n° 14

DÉCOUVRIR LE SYSTÈME SENSORIEL DOMINANT

Bien que les questions ci-dessous soient surtout utilisées en psychothérapie, il n'est pas sans intérêt de les connaître. Il y a finalement beaucoup de situations dans lesquelles elles peuvent permettre de gagner du temps.

Lorsqu'une personne évoque une situation passée dans laquelle elle affirme s'être trouvée dans un certain Etat, posez-lui les questions suivantes, en observant attentivement ses mouvements oculaires :

« Dans cette situation, qu'est-ce qui vous a rendu... ? (Employez très strictement le mot utilisé par la personne pour désigner l'Etat en question.)
— Quelque chose que vous avez vu?
— Quelque chose que vous vous êtes dit? Ou que quelqu'un vous a dit?
— Quelque chose que vous avez ressenti? Ou quelqu'un vous a-t-il touché? »

▶ FICHE n° 15

SYNCHRONISATION ET CONDUITE
Exercice avec des amis

min. 60 mn

Rappel : le but de la synchronisation, c'est de rassurer son(ses) interlocuteur(s) en vue de pouvoir déboucher sur la conduite, c'est-à-dire de vous permettre d'induire l'influence que vous avez choisi d'exercer.

1. A et B, C comme observateur.

2. A et B conversent sur un sujet peu impliquant.
B commence à se synchroniser sur A.

Après 10 mn, il prend l'initiative de changer l'un des paramètres non verbaux (par exemple, changement de position) et il poursuit la conversation.

Après 20 mn, il change l'un des paramètres verbaux (par exemple, il utilise ses propres prédicats).

Pendant tout ce temps, C observe si la conduite produit des résultats, c'est-à-dire si A commence à se synchroniser « inconsciemment » sur B.

3. Changement de rôles.

▶ FICHE n° 16

S'ACCORDER : Exercices réels

Rappel : « s'accorder », c'est atteindre un lien profond avec votre interlocuteur, un lien préparatoire à votre tentative d'influence. On parvient à un état d'accord par la synchronisation non verbale et la synchronisation verbale.

Ces essais d'établissement de liens profonds sont à pratiquer avec circonspection.

D'une part, il est préférable de les tenter avec des personnes qui n'ont pas d'ascendant sur vous.

Mais comme, d'autre part, il vaut mieux les tenter avec des personnes qui ne vous sont pas franchement antipathiques ou hostiles, et qu'enfin, le résultat de l'établissement d'un lien profond ne va pas sans laisser de trace (beaucoup de gens se « sentent » attirés par les personnes qui leur portent une telle attention), vous comprendrez que je vous recommande de bien choisir les premiers interlocuteurs avec lesquels vous ferez ces essais.

▶ FICHE n° 17

SYNCHRONISATION : Essais réels

total min. 45 mn

Choisissez des situations de contacts brefs (maximum 3 mn) pour faire vos premiers essais réels de synchronisation.

Types de contacts se prêtant bien à ces premiers essais :
— à l'occasion d'une rencontre, d'une démarche avec un collègue ; l'employé des postes ; le conducteur de bus ; la caissière du supermarché ;
— au cours d'une soirée ; avec un voisin d'habitation ; dans une salle de concert ; dans un lieu où se déroule une représentation ;
— avec un étranger.

▶ FICHE n° 18

**BILAN DE VOTRE CAPACITÉ
À VOUS ACCORDER AUX AUTRES**

Avant de poursuivre votre entraînement aux Techniques d'Influence issues de la PNL, il est bon de dresser un bilan de vos diverses expériences dans ce qui est en train de devenir *votre* capacité à vous accorder aux autres.

Si vous avez poursuivi votre lecture jusqu'ici et que vous avez appliqué les consignes des exercices de calibration et de synchronisation, vous êtes probablement surpris par les résultats !

Attention ! Je le répète : la PNL n'est pas une religion nouvelle. Il ne s'agit pas de s'accorder à tout le monde. *Vous* êtes la personne qui décidez avec qui vous voulez établir des relations d'influence !

Je pense que je ne dois pas vous apprendre comment vous désaccorder des personnes qui vous déplaisent, qui ne vous intéressent pas, avec qui vous ne voulez pas entamer de relation*.

Cette fiche ne comporte pas d'indication de durée, parce qu'il est évident que pour faire un bilan sérieux dans un programme d'auto-formation, il faut s'accorder... un certain temps.

Vérifiez donc vos capacités à calibrer les interlocuteurs que vous rencontrez; de même que celles que vous avez acquises à vous synchroniser physiquement et verbalement; de même que celles que vous avez acquises à conduire l'entretien, la rencontre.

N'hésitez pas à relire des passages dans la première partie, si quelque chose ne vous paraît pas évident.

Et faites bel et bien ce bilan avant de poursuivre votre Plan d'Auto-Formation.

Exemple de personnes synchronisées

---

* S'il vous arrive de ne pas savoir refuser, de ne pas oser dire non, alors reportez-vous à la lecture de *Oser Etre Soi-Même*, Marabout Service n° 2002.

Exemple de personnes synchronisées

▶ FICHE n° 19

PRÉPARATION À UNE INTERVENTION AVEC DES AMIS

min. 60 mn

Hormis la situation où l'on ne cherche à obtenir (ce qui demande d'avoir bien réussi sa relation d'influence) qu'une information simple*, on se trouve bien dans une relation d'influence dès qu'il s'agit d'un contact plus engagé.

---

* La vie nous a tous appris qu'on peut « rater » quelque chose d'aussi simple que de demander son chemin. En effet, certains refuseront même de nous adresser la parole... parce que nous ne sommes pas suffisamment « accordés » à eux sur le plan vestimentaire, par exemple. Et ce, tout autant par des gens « snobs » que par des gens qui refusent de nous parler parce que nous sommes trop bien habillés !

Il s'agit donc, dès à présent, de considérer qu'il importe d'émettre *votre* point de vue, votre avis, votre opinion — surtout si celle-ci est sollicitée, si on vous demande une aide (par exemple : une personne qui s'accorde facilement aux autres est beaucoup sollicitée pour donner son avis sur des décisions à prendre).

1. A, B et C.
2. B est « intervenant » auprès de A.
   En suivant mentalement les principes généraux d'intervention, B invite A à lui parler d'un problème réel.
   Attention! Ne pas « retomber » dans les pratiques habituelles (Y a qu'à...).
3. Echangez les rôles.

▶ FICHE n° 20

PRINCIPES GÉNÉRAUX D'INTERVENTION

Qu'est-ce qu'une intervention ?

On peut parler d'*intervention* pour toute communication humaine qui poursuit un objectif plus affirmé que le seul plaisir d'être ensemble, c'est-à-dire la grande majorité des situations de la vie.

Il y a donc « intervention » quand :
— on veut demander une information (son chemin / comment adresser une réclamation / comment se servir d'un appareil / obtenir un renseignement / connaître les intentions d'une personne / demander un objet)
— on veut informer (donner une information à l'autre, sur soi-même ou sur n'importe quel sujet extérieur à soi / donner une ou plusieurs informations à plusieurs

personnes / animer une réunion*)
— on veut résoudre un ou plusieurs problèmes avec le concours d'autres personnes (dans la vie personnelle ou professionnelle*)
— on veut induire, influencer, suggérer un changement chez une ou plusieurs personnes, dans la vie privée ou la vie professionnelle**)
— on veut vendre ou négocier quelque chose avec une ou plusieurs personnes

Principes généraux d'intervention

Dans toutes les situations évoquées ci-dessus, ainsi que dans bien d'autres interventions non citées, la PNL préconise d'agir selon les principes suivants :

- **A. Définir le cadre de l'intervention**
- **B. Etablir et entretenir un rapport puissant** par les synchronisations physiques et verbales
- **C. Déterminer des objectifs à atteindre**
- **D. Faire l'intervention** proprement dite
- **E. Vérifier l'écologie** de ce qui a été (éventuellement) changé

(La fiche n° 21 présente l'ensemble des **8 étapes du Modèle Général d'intervention*****)

---

* Voir *Réussir ses réunions*, René Haupeman, Marabout Service n° 1830.
** Les fiches présentées dans cet ouvrage ne doivent jamais être utilisées pour une intervention qui se substituerait à une intervention thérapeutique — voir Avertissements, p. 9.
*** Cette fiche rappelle l'intérêt d'avoir ces principes généraux d'intervention à l'esprit, mais il est évident que le bon sens indique que certaines étapes sont très courtes, voire absentes dans certaines interventions brèves (il n'y a pas de vérification écologique à faire lorsqu'on a reçu des indications pour trouver son chemin, si ce n'est : « Ai-je bien compris ? La façon dont mon interlocuteur m'a répondu me permet-elle de me rendre à/chez... ? »).

FICHE n° 21

MODÈLE GÉNÉRAL D'INTERVENTION

---

1. **ETABLIR LE CADRE DE L'INTERVENTION**
   Définir, convenir ce pourquoi on est ensemble, ce qui est inclus — et ce qui est exclu (les frontières) de cette intervention.

   → **Démarche :** emploi des questions minimales (voir fiche n° 23).

---

2. **ETABLIR ET ENTRETENIR UN RAPPORT PUISSANT**
   Etablir un lien profond pour rassurer son (ses) interlocuteur(s).

   → **Démarche :** s'accorder à (aux) autre(s) par la synchronisation non verbale et la synchronisation verbale.

---

3. **RASSEMBLER LES INFORMATIONS SUR L'ÉTAT ACTUEL**
   Connaître l'état (la situation) actuel(le) d'une personne ou d'un groupe.

   → **Démarche :** questions classiques sur l'état actuel.

---

4. **DÉTERMINER LES OBJECTIFS, LES RÉSULTATS À OBTENIR**
   Identifier les buts désirés et les décrire avec des critères précis et en termes sensoriels (images, mots, sensations).

   → **Démarche :** questions minimales
   (voir fiche n° 23).

---

5. **TROUVER L'ACCÈS AUX RESSOURCES**
   Chercher les ressources internes et externes qui vont permettre d'atteindre les objectifs définis en 4.

— Ressources internes : souvenirs, expériences, imagination, stratégies.
— Ressources externes : observations, interrogations, demandes faites aux autres.

→ **Démarche** : guider la (les) personne(s) pour chercher ces ressources ; s'adresser aux intentions positives ; utiliser les objections comme ressources.

---

6. INTERVENTION PROPREMENT DITE
Action pour passer de l'Etat présent à l'Etat désiré.

→ **Démarche** : toutes les méthodes, tous les modèles (PNL et autres).

---

7. PONT VERS LE FUTUR
Associer le changement présent au futur.

→ **Démarche** : ancrer les acquis présents et définir des changements spécifiques.

---

8. VÉRIFIER L'ÉCOLOGIE
Vérifier l'impact et les conséquences du changement intervenu sur le système (personne, groupe).

→ **Démarche** : questionner.

Ce Modèle Général d'Intervention est un outil très puissant — un guide pour la réussite de nos interventions.

La réussite dépend du suivi systématique de ses étapes, quand bien même certaines peuvent — dans certaines situations — se résumer à un ou deux mots.

Commentaires

1. Etablir le cadre

Très utile pour la plupart des interventions (psychologiques / en organisations).

C'est la démarche qui va permettre de « revenir au sujet » chaque fois qu'il y a risque d'égarement.

Indispensable dans une réunion de plus de deux personnes.

- **Exemples d'application :**

    « Mesdames, Messieurs, nous sommes réunis cet après-midi pour trouver les slogans de notre campagne 92/93. Je me permettrai de "rappeler à l'ordre" ceux qui s'éloigneraient de cette préoccupation. »

    « Bien, Marcel, nous avons une heure devant nous pour chercher comment établir un bon dialogue avec ta fille Geneviève. C'est bien de ça qu'il est question, n'est-ce pas ? »

2. Etablir et entretenir un rapport puissant

Comme déjà expliqué, cette façon de faire est nécessaire dès le premier contact, jusqu'à la fin du contact.

Face à un groupe, il s'agit de l'appliquer *à la fois* à l'ensemble du groupe — et les comportements individuels deviennent alors des micro-comportements de l'entité globale « Groupe » — et aux individus qui le composent.

La difficulté de bien réussir ceci milite contre la « réunionite », maladie sociale de nos organisations visant à réunir « pour un oui, pour un non ».

3. Rassembler les informations sur l'Etat Actuel

Comme toute intervention a pour finalité de faire évoluer une personne ou un groupe*, il importe de bien connaître la réalité de l'Etat Actuel.

- **Exemples d'application :**
    « Quelle est notre situation actuelle ? »

    « Qu'est-ce qui est satisfaisant ? Qu'est-ce qui ne l'est pas ? »

4. Déterminer les objectifs, les résultats à atteindre

Voir fiche n° 23 pour l'emploi des questions minimales.

La définition d'objectifs insuffisante, pas assez spécifique ni précise, ni formulée en termes suffisamment positifs, est l'une des principales pierres d'achoppement de la vie des hommes en organisations.

C'est elle qui est souvent responsable des erreurs, des ratages, des malentendus, des tensions, des jeux psychologiques**. Dans le cadre d'une intervention psychologique, c'est peut-être l'étape qui demande le plus de patience***, tant nos contemporains sont peu habitués à exprimer leurs désirs (ce qu'ils veulent) en termes d'objectifs (voir fiche n° 22).

---

* Je rappelle que donner de simples informations à un groupe de personnes est à considérer comme une intervention faisant évoluer ce groupe d'un Etat Actuel X (état où le groupe ne connaît pas ces informations) à un Etat Désiré X + I (état où il connaît ces informations).
** Voir en particulier « Les jeux psychologiques dans les organisations » dans *L'Analyse Transactionnelle*, Marabout Service n° 35.
*** En psychothérapie, on sait que c'est une étape qui peut nécessiter plusieurs séances, quand ce n'est pas l'essentiel de la thérapie.

5. Trouver l'accès aux ressources

Dans les organisations, cette étape appartient à ce qu'il est convenu d'appeler la *préparation de réunion**. Il est en effet regrettable de devoir rechercher, au moment même de la réunion, des données qu'il est plus aisé de récolter avant la réunion proprement dite.

Dans une intervention psychologique d'aide, il convient de guider la personne vers ses ressources personnelles (souvenirs, expériences, imagination, stratégies) ou externes (l'inviter à faire de nouvelles observations, à demander des choses aux autres).

Attention! Beaucoup de gens ont une faible opinion de la valeur de leurs expériences, de leurs capacités, et il s'avère souvent nécessaire de le leur faire découvrir au cours de cette étape. « Vous avez des ressources! » est un leitmotiv des Super-C° au cours de cette étape.

C'est dans cette étape qu'il est également fort nécessaire de trouver les intentions positives qui animent la personne et, à partir de celles-ci, énoncées, de chercher, dans l'étape 6, comment les mettre au service des objectifs recherchés.

Tout au long de l'intervention complète, ce qui caractérise encore les Super-C°, c'est qu'ils utilisent les **objections** comme **ressources** (voir fiche n° 42).

6. Intervention proprement dite

C'est le travail proprement dit.

Dans la relation d'aide, c'est ici qu'il s'agit littéralement d'**aider** une personne à passer de l'Etat Présent à l'Etat Désiré. (La PNL offre pour la pratique psychothérapeutique des outils puissants et performants qui sont enseignés dans les formations spécialisées, et sont donc hors du sujet de cet ouvrage.)

---

* Voir *Réussir ses réunions,* Marabout Service n° 1830.

Pour les interventions en organisations, c'est ici que prend place l'ensemble des Techniques de management, selon la meilleure appropriation possible — Techniques de résolutions de problèmes, Techniques de créativité*, etc.

7. Pont vers le futur

Attention! Comme il peut être exaltant d'avoir fait évoluer une personne (ou un groupe) de ce qui était son Etat Actuel au tout début de l'intervention à son Etat Désiré, il est fréquent que l'on néglige ce dont s'occupent les Etapes 7 et 8.
Vous voilà avertis!
En 7, il s'agit de créer un lien — souvent imaginaire — qu'il faudra donc ancrer (voir fiches n°s 26-27-28) entre le présent et l'avenir**.

8. Vérifier l'écologie

Puisqu'un changement est obtenu, il s'agit de vérifier si celui-ci est compatible avec l'ensemble des personnes et des conditions dans lesquelles il va s'exercer.
Si cela n'est pas possible, il faut traiter ce problème d'adéquation comme une nouvelle intervention***.

---

* Voir *Réussir ses réunions,* Marabout Service n° 1830.
** Dans certains cas, l'avenir, c'est 5 minutes après l'intervention.
*** Arrivé à ce stade de votre lecture-réflexion, l'idée de recommencer une nouvelle intervention selon ce modèle peut paraître rébarbative, mais réfléchissez-y : la vie, n'est-ce pas traiter (donc intervenir) une suite de problèmes?!!

► FICHE n° 22

DÉFINIR DES OBJECTIFS

La **Bonne Définition d'Objectifs** est l'une de ces choses fondamentalement nécessaires au bonheur et à la réussite humaines les moins enseignées qui soient.

Laissons aux philosophes et aux psycho-sociologues le soin de trouver pourquoi il en est ainsi, mais constatons : peu de gens **savent exprimer ce qu'ils veulent** avec facilité. Et ceci est aussi vrai pour la vie privée que pour la vie professionnelle.

Ce qu'on a, par contre, pu « cerner » (et que cette fiche propose), ce sont **les conditions d'un bon objectif.**

Les conditions d'un objectif bien formulé (Well-formed outcome)

1. Formulation positive
2. Formulation concrète et réaliste
3. Formulation spécifique (par des critères précis)

1. Formulation positive

On sait, depuis peu (... sauf les grands sages) qu'un message d'obligation (« Il faut ») formulé négativement est un paradoxe pour le cerveau humain. (Le message « Ne tombe pas du toit » nécessite deux étapes — comprendre ce que tomber veut dire, puis sa négation.) Voilà pourquoi les objectifs de désirs (« Je ne veux plus me disputer avec elle ») ou professionnels (« Nous ne voulons plus de réclamations au sujet de... ») sont peu mobilisateurs*.

Il importe donc de s'entraîner à transformer les énoncés de ce que nous voulons en termes positifs.

Exemples :
> « *Je souhaite avoir de bons moments avec elle.* »
> « *Nous voulons recevoir des félicitations au sujet de...* »

2. Formulation concrète et réaliste

Le sens du mot « réaliste » est suffisamment connu.
   Attention ! Devenir de plus en plus réaliste est un signe d'évolution. Attention cependant à ne pas sous-estimer non plus nos droits. « Je souhaite que lorsque nous nous rencontrons, nous ayons de bons échanges (intimes et autres) (avec une personne libre, bien sûr). » Nous voulons recevoir des félicitations parce que nos services sont de qualité (et que cela soit objectif!). »

3. Formulation spécifique

Un objectif vraiment concret et **mobilisateur** exige de comprendre dans sa formulation des critères spécifiques, c'est-à-dire précis, vérifiables et contrôlables. Les **Questions minimales** (fiche n° 23) vont aider à préciser cet aspect de la formulation.

Exemples :
> « *Que voulez-vous pour votre petit déjeuner ?* »

---

* Voir *Mobilisez vos collaborateurs*, René Delattre, Marabout Service n° 1820.

- Réponses non spécifiques fréquentes :
    « *Je ne sais pas...* » « *On verra...* »
    « *Quelque chose de bon...* »
    « *Un petit déjeuner normal...* »

- Réponses spécifiques :
    « *Je veux 4 à 5 tranches de pain de campagne, du café (pour 2 tasses), du lait, du sucre en morceaux, de la confiture (pas de confiture de fraise), 2 tranches de fromage, 1 jus d'orange.* »
    « *Cela m'est égal.* »

▶ FICHE n° 23

QUESTIONS MINIMALES

Il s'agit des questions à utiliser pour formuler correctement un objectif, c'est-à-dire le rendre « mobilisateur ».

Question n° 1
Que voulez-vous exactement? (Vérifier si positif, concret, réaliste et spécifique — Aider à le rendre tel.)

Question n° 2
Par rapport à cet objectif, où en êtes-vous en ce moment? En quoi consiste la différence par rapport à ce que vous avez actuellement?

Question n° 3
Quand voulez-vous obtenir cela? (Exiger des précisions de délai.)

Question n° 4
Qui sera impliqué dans la réalisation de cet objectif?

Question n° 5
Où cela se passera-t-il?

Question n° 6
De quoi aurez-vous besoin pour atteindre cet objectif?
Quel sera le coût (pécuniaire ou psychologique) pour atteindre cet objectif?

et surtout, Question n° 7
Comment saurez-vous que vous l'avez atteint?
(En termes sensoriels: Que verrez-vous? Qu'entendrez-vous? Que ressentirez-vous?)

Pour la pratique de ces questions — encore une fois, tout aussi utiles dans l'aide apportée à une personne que dans un groupe — la référence au Méta-Modèle permet d'éviter les pièges (nombreux) que l'inconscient des personnes tend fréquemment en cette matière (voir fiche n° 31).

→ **Exemple:**

Question 1
« Je souhaite dialoguer clairement avec ma fille Claude au sujet de ses études de façon à prendre une orientation satisfaisante à long terme pour elle, pour son père et pour moi-même. »

Question 2
« Actuellement, Claude ne sait pas avec précision quelle orientation universitaire elle veut prendre. »

Question 3
« Avant la fin de l'année scolaire. Disons pour le 30 juin. »

Question 4
« Son père, Claude et moi. »

Question 5
« Je souhaite que la discussion ait lieu dans notre salon, chez nous, à Toul. »

Question 6
« Il faudra que Paul, mon mari, Claude et moi passions sans doute 3 bonnes heures, en étant

attentifs et concentrés — c'est-à-dire que nous nous occuperons uniquement de cette question pendant ce temps — et aussi que nous prendrons le temps qu'il faudra pour arriver à un accord. »

Question 7

« Je verrai la mine réjouie et souriante de Paul et Claude. Nous aurons exprimé en termes clairs l'orientation et le nom de la faculté où Claude entrera en octobre prochain. Je ressentirai une sensation de détente dans tout mon corps. »

▶ FICHE n° 24

EMPLOI DE MÉTAPHORES

Rappel : une métaphore est un récit — réel ou imaginaire — qui a pour objectif d'enseigner quelque chose, ou de donner un éclairage différent, ou encore de proposer des suggestions à la résolution de problèmes.

Ce sont des histoires — ou parfois de courtes anecdotes — qui présentent l'avantage d'être mieux acceptées que les discours rationnels ou les jugements, parce qu'elles atteignent l'Enfant qui est en nous.

Aussi est-il recommandé de n'utiliser une métaphore qu'après que le « rapport » puissant ait été établi avec un (ou des) interlocuteur(s).

Bien qu'il me paraisse difficile de proposer un entraînement — au sens strict — à l'emploi de métaphores, je peux cependant vous encourager à observer combien, dans votre entourage, les gens, considérés comme d'habiles communicateurs, en font usage.

Attention ! Ne pas confondre avec le récit d'histoires drôles ! Il ne faut employer de métaphore que lorsque l'on considère que cet usage est de nature à faciliter la compréhension chez un interlocuteur.

(La métaphore est d'un usage assez fréquent chez les politiciens, les hommes d'affaires, les chefs charismatiques.)

Quelques exemples :

1. Pour parler d'un vendeur très persévérant :
   « Un homme qui vendrait des réfrigérateurs aux Esquimaux. »
2. Pour vanter les qualités de confort d'un véhicule :
   « Avec cette voiture, vous vous déplacerez comme sur un nuage ! »
3. Pour faire comprendre la « logique économique » d'un pays ou d'une entreprise :
   « C'est comme pour une famille : il y a des entrées d'argent (souvent les salaires des parents) et il y a des dépenses... »

Méditez aussi sur cette métaphore employée par Krishnamurti pour expliquer comment, selon l'Orient, il ne faut pas craindre la mort :

« Des sources forment les rivières, qui forment des fleuves et se jettent dans la mer. A quel moment finit un fleuve ? A quel endroit très précis commence la mer ? »

Exemple complémentaire
Dans l'excellent ouvrage *La présence* de Jerzy Kozinski[*], le héros, « M. Chance », est un jardinier qui n'emploie que des métaphores « jardinières », mais le fait avec tellement d'à-propos qu'il se retrouve conseiller à la Maison-Blanche où il continue à faire part de ses réflexions sous la forme de métaphores « jardinières ».

---

[*] *La présence ou Bienvenue M. Chance,* par Jerzy Kozinski, Livre de Poche 5480.

▶ RÉFLEXION n° 4

COMBIEN DE GENS ESSAIE-T-ON D'INFLUENCER ?

L'intérêt de cette question, c'est de savoir si cela vaut vraiment la peine d'apprendre les Techniques d'Influence de la PNL. Autrement dit, est-ce que cela vaut la peine de faire les efforts suggérés ?

Pour tenter de répondre à cette question, j'ai interrogé deux personnes encore en activité dans la vie professionnelle : une enseignante et un cadre en entreprise. Je vous passe le détail de leurs réponses.

Pour chacun des deux, on atteint facilement le nombre de 2 000 personnes (famille, amis, collègues, clients, commerçants, fonctionnaires).

Il est évident que certaines professions obligent à un nombre plus élevé de rencontres.

▶ RÉFLEXION n° 5

UNE RAISON SUPPLÉMENTAIRE DE S'ACCORDER AU NON-VERBAL

Bien que tout ce qui se passe pour nous dans une relation passe par notre cerveau, il n'existe rien, selon le célèbre biologiste W. Gray, qui soit purement et uniquement intellectuel.

► FICHE n° 25

INVITATION À LA FLEXIBILITÉ

Vous l'avez vu dans les schémas relatifs à l'atteinte des objectifs personnels (ou objectifs de groupe), la personne « qui réussit » se caractérise par une grande créativité dans la vie de tous les jours — on dit plus généralement une grande flexibilité.

La caractéristique première de cette flexibilité, c'est d'être une réponse absolument originale par rapport à ce qui fait obstacle.

Quand la personne « qui-réussit-habituellement-dans-la-vie » n'atteint pas le but qu'elle s'était fixé, elle se caractérise par sa capacité à :

1. reconsidérer « ce qu'elle veut » :
« N'y a-t-il pas quelque chose d'autre (un autre « objet », un comportement différent chez l'autre) qui puisse être atteint plus facilement, ou encore : l'objectif que je m'étais fixé est-il véritablement réaliste, faisable ? »

2. modifier son action, son comportement pour atteindre son but, son objectif — comme si elle se demandait : « Comment peut-on faire AUTREMENT pour atteindre ce but ? »

Il vous est possible d'appliquer pour vous-même, ou de suggérer cette attitude de flexibilité face aux obstacles.
Croyez-moi, ça change la vie !

Et suivez le conseil de Lewis Kornfeld : « Pour attraper une souris, faites un bruit de fromage !!! »

▶ RÉFLEXION n° 6

RÉFLEXION POUR UN AUTO-RECADRAGE

Il existe, dans la nature, des pierres arrondies que l'on trouve généralement au bord des rivières, et qui se caractérisent par le fait d'être traversées par une ligne de couleur plus sombre. Les géologues peuvent nous expliquer l'origine de ces lignes.

Peut-être vous est-il arrivé, comme à d'autres, de trouver ces « bizarreries » de la nature tellement belles que vous avez voulu les photographier?

Comment se fait-il, et pourquoi arrive-t-il qu'une même « réalité » (une surface unie traversée par une seule ligne de couleur) déclenche une forte désapprobation, parce que présentée sous le nom de « tableau » dans une galerie dite d'art moderne?

HISTOIRES VRAIES AU PAYS DE LA PNL

On raconte qu'un patient de Milton Erickson rencontre un « ancien » patient du célèbre psychothérapeute :
« Comment vas-tu?
— Très bien, répond l'autre avec un grand sourire.
— Tu ne fréquentes plus le docteur Erickson?
— Non. Il ne faisait que me raconter des histoires à dormir debout.
— Tiens, moi aussi, il me raconte de drôles d'histoires. Et les fortes migraines dont tu souffrais, l'année passée?
— Disparues! »

*

Christine (qui connaît la PNL) me raconte son inquiétude au sujet de sa fille de 13 ans (qui ne travaille pas beaucoup pour l'école, et préfère passer des heures, accroupie devant la télé, à « dévorer » Santa Barbara).
« As-tu essayé la synchronisation ? »

Quinze jours plus tard, je la revois, tout excitée :
« Tu sais, tu avais raison, pour ma fille !!!
— Quoi donc ?
— Eh bien, la synchronisation ! Je me suis couchée devant la télé. Je me suis mise à « vibrer » aux mêmes artifices qu'elle devant Santa Barbara. Après 15 minutes, nous riions ensemble. Et dans la demi-heure qui a suivi, nous avons discuté, ma fille et moi, de son travail, comme jamais nous n'avions pu le faire ! »

*

Eric, homme d'affaires, raconte l'anecdote suivante :
« Nous avions un rendez-vous pour une affaire tellement importante que mon patron m'avait dit : "Eric, pour cette négociation, avec Monsieur Descamps, je vous accompagnerai et vous montrerai comment traiter une affaire délicate !"

Nous voilà partis chez E. Descamps.

Mon patron le bombarde littéralement d'arguments massues :

"Voyez-vous, Monsieur Descamps, nos lecteurs de CD sont vendus à ce prix parce que..."
"Vous ne trouverez jamais une offre semblable sur le marché !!!"
"Nos prix sont incroyablement compétitifs !"

Quant à moi qui venais de suivre un premier week-end de formation en PNL avec Gene Early, je me contentais de me synchroniser d'une manière non verbale à Monsieur Descamps. Je déplaçais mes mains après lui, changeais mes jambes de place, comme lui, respirais le plus possible comme lui.

Quelle ne fut pas ma surprise, au moment où Monsieur Descamps voulut clôturer cette rencontre et fixa un nouveau rendez-vous, de l'entendre déclarer : "Et surtout, je veux traiter avec M. Eric, parce que lui, au moins, il me comprend."

*

Milton Erickson était membre conseiller de plusieurs institutions psychiatriques.

Un jour, dans l'une d'elles, on lui présente un « cas tout à fait insoluble de schizophrénie aiguë » : un homme qui reste cloîtré dans une pièce de la clinique, ne parle à personne, avale ce qu'on met dans sa gamelle, sans mot dire. Et passe les longues heures de sa journée à longer les murs de sa chambre en les « caressant » d'une main et de son visage, tout en murmurant des borborygmes sans signification.

« Eh bien, docteur Erickson ? Avouez que ce patient est des plus désarmants, n'est-ce pas ? Voilà plusieurs mois qu'il est chez nous. Et malgré de nombreuses tentatives, nous ne sommes pas parvenus à lui "arracher" un mot... Quel est votre conseil ? »

Milton Erickson a alors demandé à voir le patient en question. Et savez-vous ce qu'il a fait ?

Il s'est mis à longer les murs de la chambre en les « caressant » de la main et du visage, et en murmurant des borborygmes — les plus proches de ceux émis par le patient « impossible ».

Qu'est-il arrivé ?

Après quelques minutes, le patient — visiblement énervé — s'est adressé à Erickson, en lui disant, avec une voix forte :

« Qu'est-ce que vous faites là ? Et qui êtes-vous, Monsieur ? »

« Docteur Erickson, Milton Erickson. A qui ai-je l'honneur ? »

Le patient « impossible » a décliné son identité.

▶ RÉFLEXION n° 7

SOMMES-NOUS BIEN PROGRAMMÉS?

L'histoire suivante risque bien de devenir une «classique» des universités américaines.

> On raconte que les responsables d'une section de recherches d'une faculté de psychologie de l'Est des Etats-Unis ont mis en place, pour une étude sur le conditionnement, le programme suivant:
>
> Deux types de labyrinthes sont construits.
> Dans le premier des deux, des rats cherchent du fromage.
> Dans le second, des hommes cherchent des billets de 50 $.
> Lorsqu'arrive le week-end, on retire les morceaux de fromage. Les rats cessent de les chercher.
> Bien qu'on leur ait signalé l'arrêt des expériences à la fin de la semaine et donc le retrait des billets, des hommes ont été signalés, pendant le week-end, cherchant à retrouver des billets, dans le labyrinthe...

▶ FICHE n° 26

ENTRAÎNEMENT À L'ANCRAGE (I)

Etalé sur 8 jours

Rappel: un ancrage, c'est une connexion neurologique entre un stimulus et un certain Etat.

C'est une association entre ce stimulus et un Etat interne (voir 1re partie).

1. Familiarisez-vous avec la notion d'ancrage en repérant les vôtres pendant un certain temps (minimum 4 à 5 jours). Repérez quels stimuli visuels, auditifs et kinesthésiques provoquent quels Etats, pour vous-même.

2. Observez la même réalité chez les autres (pendant un temps équivalent).

Voyez comment cela fonctionne chez eux, écoutez ce que les gens en disent.

→ **Quelques exemples :**
Quand Raymond aperçoit les boucles d'oreilles dorées de sa secrétaire, il ne peut s'empêcher de lui reprocher de les porter.

Quand Jules entend Herbie Hanckock, il se met à battre la mesure du pied.

Un beau soleil donne « des fourmis dans les jambes » de Lucien.

Quand Marinette voit le nom de Depardieu sur une affiche, elle entre au cinéma.

Quand Victor entend l'Hymne américain, des larmes apparaissent.

Quand Albert voit une longue file de clients en ouvrant son magasin, il se frotte les mains et dit : « Nous allons encore faire une bonne journée pour nos affaires, aujourd'hui ! »

Quand Gisèle entend la voix de François, elle frémit.

Quand Robert arrive à son bureau et qu'il le voit en désordre, il dit : « Cela m'enlève tout courage. »

Quand Emile rencontre des difficultés avec un client, il dit : « C'est le moment de reprendre courage. Emile, vas-y ! »

Quand Julien doit faire démarrer la réunion, il jette un coup d'œil sur sa cravate et serre le poing gauche.

▶ FICHE n° 27

ENTRAÎNEMENT À L'ANCRAGE (II)

Etalé sur 8 jours

Vous pouvez faire l'essai d'ancrage suivant, au cours d'un repas.

1. Quand votre interlocuteur manifeste son accord avec vous, *levez très légèrement votre index droit*. (Ou ce peut aussi être un autre geste comme écrire un mot sur la nappe en papier, fixer un endroit précis de la pièce, changer de position, etc.).

Il y a beaucoup de chance que, plus tard, le fait de refaire le même geste, de poser le même regard, ait pour effet de remettre, tout à fait inconsciemment, votre interlocuteur dans des dispositions bienveillantes à votre égard.

2. Lorsqu'une personne manifeste une opposition à votre égard, *fermez — très doucement — le capuchon de votre stylo*.

Lorsque vous voudrez, après un moment, rendre la personne mieux disposée à votre égard, vous ouvrez — toujours très doucement — votre stylo.

D'autres micro-comportements peuvent être utilisés, comme : reculer son siège en arrière, fermer un dossier, se balancer sur sa chaise pour, à un moment donné, « revenir à une situation plus ouverte ».

▶ FICHE n° 28

FAIRE DES ANCRAGES POUR SOI-MÊME ET POUR LES AUTRES

Rappel : un ancrage est une connexion neurologique entre un Etat donné et un stimulus — intérêt : reproduire cet Etat à partir du stimulus.

1. N'agir qu'à partir de situations positives.

2. Lorsque vous atteignez un Etat de ressource de haute qualité (par exemple lorsque vous réussissez quelque chose), donnez-vous un maximum de chance de pouvoir reproduire cet Etat chaque fois que vous en aurez besoin.

3. Pour cela, associez votre « moment de réussite » à un stimulus visuel (un objet, un tableau, une image que vous pourrez revoir facilement), auditif (un bruit que vous produisez, un mot que vous ou quelqu'un d'autre prononce, un objet que vous touchez*, un geste ou un mouvement que vous faites). Les associations multi-sensorielles produisent les meilleurs résultats (par exemple fixer un poster, claquer des doigts et prononcer un mot qui « ramasse » bien votre expérience positive).

Exemple :
> *Didier a merveilleusement réussi une sauce à la crème et il « sent » que c'est une expérience positive due à la pleine possession d'un bon Etat de ressource. Il regarde un poster (paysage alpestre) dans les cuisines du grand restaurant où il travaille, il claque des doigts et prononce, à haute voix : « Grande sauce Didier. »*

---

* Attention ! Ne pas s'enfermer dans cette formulation ! Faites la vôtre ! N'en faites pas un rituel que les autres appelleraient vite « magique », ou « religieux ».

Lorsque, plus tard, il voudra créer d'autres sauces, il lui suffira de regarder le poster (qu'il peut toujours déplacer avec lui), de claquer des doigts et de prononcer « Grande sauce Didier » pour retrouver un Etat de ressource semblable à la première expérience.

4. Pour faire des ancrages chez les autres, il s'agit tout simplement de les « inviter » (en *conduisant*) à agir comme décrit ci-dessus. Vous êtes parent, éducateur, collègue, partenaire — vous vivez avec des gens auxquels vous pouvez offrir le superbe cadeau d'ancrer un Etat de ressource exceptionnel que vous avez perçu. Comment ? En leur disant quelque chose comme : « J'ai l'impression que ce que tu viens de faire à l'instant exprime que tu te trouves dans un état de très bonne disposition de tes ressources. Ma perception est-elle exacte ? (Cette vérification est importante et il vaut mieux ne pas poursuivre si la personne nie être dans un Etat de ressource.) Si oui, poursuivre : « Je te propose d'associer cette réussite à quelque chose de visible (un objet, une affiche, un tableau) que tu pourrais revoir dans le futur, à faire claquer tes doigts (ou te mettre debout en serrant un poing) et en prononçant devant moi un mot ou deux qui seraient des mots appropriés pour dénommer cette expérience. »*

5. Au terme d'une bonne réunion — qui a produit l'effet recherché — il est souvent intéressant de « marquer » le succès de la réunion par un bon ancrage. Cela aura souvent pour effet de remettre le groupe dans un bon Etat de ressource, dès la réunion suivante. L'important, c'est de créer la surprise, par une stimulation relativement exceptionnelle.

Exemples :
— Pousser son fauteuil à roulettes en arrière.
— Montrer le tableau couvert d'inscriptions et dire quelque chose comme : « Voici notre Picasso (de préfé-

---
* Voir note précédente.

rence un peintre que l'on considère comme apprécié par l'ensemble du groupe, sinon cela pourrait produire l'inverse de l'effet recherché!) 1992 (ou la date qui vous paraît la plus adéquate)!»
— Prévoir un «petit cadeau» original à remettre en fin de réunion. Attention! Ceci risque de n'être pas très original, parce que souvent pratiqué, de manière assez manipulatoire, dans de nombreuses organisations (où existe parfois la surenchère en matière de cadeau).

▶ RÉFLEXION n° 8

MÉDITATIONS UTILES

Quelques citations, utiles à méditer — en rapport avec notre sujet :

> *« Un "JE" ne peut parler que de ce qu'il connaît, c'est-à-dire de ce qu'il est capable de contenir. L'autre, c'est du «non-moi».*
>
> (Jean-Yves Leloup)

> *« Le corps que je suis et non le corps que j'ai. »*
>
> (RdL)

> *« Quand une lampe reste "allumée", mais qu'il n'y a personne pour le voir, peut-on encore vraiment dire que la lampe est allumée? »*
>
> (Michel Saucet)

> *« On ne nous a pas appris combien l'autre est autre. »*
>
> (RdL)

> *« Le Méta-Modèle aurait été bien utile à Babel, non? »*
>
> (F. Descamps)

« *A force de croire à ses rêves, l'homme finit par en faire une réalité.* »

(x)

Le petit d'homme n'accède à la liberté du choix de ses comportements que s'il est suffisamment aimé, apprécié, sûr de sa valeur — c'est son développement affectif — et instruit (comment fait-on des choix?) — c'est son développement culturel.

(Gene Early)

« *Le désir, le souhait, l'envie sont les moteurs de la motivation. La motivation est le moteur de l'action. L'action mobilise l'énergie et la volonté d'atteindre des objectifs qui satisfont le désir.* »

(x)

▶ FICHE n° 29

FAITES UNE INVITATION À RETROUVER UN ÉTAT DE RESSOURCE

1. Invitez la personne à s'installer confortablement (pour elle, ce peut être debout ou assise).

2. Donnez à la personne le message suivant — en vos termes : « Vous avez déjà réussi quelque chose. Attention! C'est bien vous qui êtes le seul juge! Quelque chose de réussi à vos yeux. »

3. « Maintenant, entrez en contact avec "comment vous étiez" dans cette situation :
— qu'est-ce que vous avez vu? Revoyez-le (personnes ou choses)

- est-ce qu'il y avait quelque chose à entendre (des personnes qui parlaient, des bruits que vous avez retenus)?
- reprenez contact avec la sensation que vous avez éprouvée tout juste au moment où vous avez réussi cette chose. »

« Restez un moment bien en contact avec cette expérience, revoyez le lieu, les choses, les gens qui s'y trouvaient, réécoutez les gens ou les bruits qui y étaient associés, sentez à nouveau les sensations que vous avez éprouvées. »

« Si, pour vous, dans votre esprit, cette réussite porte un nom, prononcez-le dans votre tête (ou à haute voix, si cela vous convient). C'est le nom d'un Etat de Ressource que vous avez déjà mobilisé. »

Remarque : si votre calibration vous a fait repérer que votre interlocuteur éprouvait quelque réticence à « nommer » son Etat de Ressource, invitez-le à choisir, là où vous vous trouvez, un petit objet qu'il puisse emporter (un bout de papier de couleur, un bouton, un bouchon, etc.).
- Si vous avez repéré une dominante visuelle chez votre interlocuteur, dites-lui : « Cet (objet x), regardez-le bien ! C'est *l'image* de votre Etat de Ressource ! »
- Si la dominante est kinesthésique, même démarche ; mais dites-lui : « Prenez cet (objet x) en main, manipulez-le bien ! Cela vous fait *sentir* votre Etat de Ressource ! »

Pour tous : « Emportez cet (objet x) avec vous et lorsque vous souhaiterez retrouver un Etat de Ressource, face à une nouvelle situation,
- pour le visuel : « Sortez-le et regardez-le bien ! »
- pour l'auditif : « Sortez-le et prononcez son nom ! »
- pour le kinesthésique : « Sortez-le et manipulez-le bien ! »

► FICHE n° 30

ENTRAÎNEMENT AU RECADRAGE

Rappel : dans nos interventions auprès des autres, il nous arrive de recevoir des objections, des « résistances ». Entraînons-nous à la pratique du recadrage, dont le but est de faire percevoir un même message « d'une autre façon », **positivée**.

Exemple :
« Quand je suis sincère, je me fais facilement piéger. »

Recadrage :
« Quand vous êtes sincère, vous êtes en accord avec vous-même, et vous voudriez que votre interlocuteur fasse de même.

Entraînez-vous à recadrer positivement les objections suivantes :

1. Puisque la vie impose qu'il y ait des gagnants et des perdants, il n'y a pas de raison pour que je vous fasse confiance.
2. Commander, c'est prendre parti.
3. Dire quels sont ses objectifs, c'est permettre aux autres de les contourner.
4. Lorsque je reçois des critiques, je doute de moi.
5. La vie n'est qu'une succession de luttes.
6. L'amour n'existe pas.
7. Je suis quelqu'un qui n'a jamais de chance.
8. La réussite est réservée à ceux qui sont bardés de diplômes.
9. Dieu m'abandonne.

Recadrage des objections

1. Puisqu'il en est ainsi, que pensez-vous de chercher les termes d'un contrat gagnant-gagnant ?
2. Commander, c'est faire parvenir ses équipes au but.
3. Dire ses objectifs, c'est permettre aux autres de les comprendre et donc de se mobiliser pour mieux les atteindre.
4. Lorsque je reçois des critiques, j'apprends quelque chose d'utile à mon développement.
5. La vie est une succession de changements.
6. L'amour est à inventer.
7. Et il n'y a pas d'âge pour commencer à en avoir.
8. Comme Mozart ou Napoléon...
9. Dieu me stimule dans mon travail de co-créateur du monde.

► FICHE n° 31

PRÉPARATION À LA CONFRONTATION OK DES LIMITES D'EXPRESSION VERBALE PAR LE MÉTA-MODÈLE

Rappel : Le « Méta-Modèle » est l'instrument de confrontation OK, dont le but est essentiellement de « contourner » les limites dues à l'expression verbale, et aider ainsi les **deux** interlocuteurs, à s'approcher le plus exactement possible de la **structure profonde** de ce qui est émis par l'un d'eux.

Par confrontation OK, il faut entendre une façon bienveillante de faire percevoir à l'autre que « quelque chose » vous échappe dans ce qu'il dit.
  « Bienveillante » est le mot clé de cette définition de la confrontation OK, empruntée à l'Analyse Transac-

tionnelle (Marabout Service n° 35), c'est-à-dire empreinte de respect pour l'autre (et donc absente de tout jugement, ou de réaction d'agacement).

Je vous recommande de **procéder comme suit :**

1. Lisez et exercez-vous, pendant une semaine environ, à repérer et vous familiariser avec le Méta-Modèle comme indiqué dans la fiche n° 32.
2. Apprenez à « traiter » un type de limite d'expression à la fois (de la fiche n° 33 à la fiche n° 39).
3. Attendez d'avoir eu l'occasion de les « traiter » toutes pour confronter tous azimuts.

▶ FICHE n° 32

PRÉPARATION AUX CONFRONTATIONS DE LANGAGE

min. 24 h

Avant de vous « lancer » dans la confrontation OK des limites d'expression (dues au langage) de vos interlocuteurs, je vous invite à vous familiariser avec cette « matière ».

Pendant une semaine, arrangez-vous pour « prendre du recul » — discrètement — dans plusieurs discussions, bavardages, en cherchant à repérer combien le langage que nous utilisons semble impropre à exprimer ce qui se passe réellement, ce qui compte.

Essayez de consacrer au moins 24 heures au total, étalées sur votre semaine. (Cet exercice peut aussi se faire en observant des débats à la télé*.)

Je vous rappelle quelles sont les principales limitations dues au langage, quant à ce que nous voulons exprimer.

---

* Les débats politiques sont une superbe occasion d'observer les limitations linguistiques, tant il est vrai qu'il n'est pratiquement pas possible d'être politicien et de « parler vrai ».

1. Le groupe des déformations

Les généralisations : les « toujours », « jamais », « rien ».
 Les verbes non spécifiques : les « il *exige* trop », « elle lui *montre* souvent ».

Les nominalisations (actions transformées en nom commun) : « C'est le grand *problème* », « J'ai un problème de *construction*. »

2. Le groupe des suppressions

Les références manquantes : « *Ça*, *c*'est ce qu'*ils* disent. »

3. Le groupe Sémantique Incorrecte

— La confusion sentiments/comportements : « Je pense que... » pour « J'éprouve... »
— Les faux rapports de cause à effet : « Il me rend nerveux »
— Les opérateurs modaux réducteurs : « Je ne sais pas faire autrement »
— Les « mais » réducteurs : « Je voudrais apprendre ça mais je ne sais pas le faire »
— La lecture de pensée : « Je vois ce que tu penses »
— La double contrainte : « Sois spontané »

Attention ! Il ne faut pas transformer cette pratique en nouveau jeu psychologique « Défauts »* — et le risque n'est pas négligeable !

---

* Un jeu psychologique est une série d'échanges entre personnes se « mettant » inconsciemment dans des rôles de Persécuteur ou Sauveteur vis-à-vis de quelqu'un qui « joue » (inconsciemment, elle aussi) un rôle de Victime. L'Analyse Transactionnelle a repéré une trentaine de « jeux psychologiques » fréquents dans notre société (voir Marabout Service nº 35).

▶ FICHE n° 33

ENTRAÎNEMENT À LA CONFRONTATION DES GÉNÉRALISATIONS

Pas de timing*

Confrontation des généralisations Exemples	**Questions exploratoires**
	Répéter le quantificateur en question souligné :
« Il faut *toujours* que je... »	« Toujours ? »
« Il ne fait *rien* pour... »	« Rien ? Vraiment rien ? »
« *Personne* ne me demande... »	« Personne ? Absolument personne ? »
	Rendre le mot non spécifié plus précis :
« Elle lui *montre* souvent... »	« Qu'est-ce qu'elle montre, précisément ?
« Il nous *demande* trop ! »	« De quoi s'agit-il exactement ? Que demande-t-il trop ? »
« C'est le grand problème. »	« En quoi cela pose-t-il problème ? »
« J'ai un problème de construction. »	« De quoi s'agit-il ? »

---

* A ce stade, je laisse la durée d'entraînement à votre appréciation.

FICHE n° 34

CONFRONTATION OK DES GÉNÉRALISATIONS

Sur une journée

Rappel : la généralisation est un mécanisme nécessaire à la formation de notre esprit, mais il a une conséquence souvent dévastatrice : il nous fait, notamment en ce qui concerne les catégories humaines, attribuer les caractéristiques d'un ou deux individus à toute la catégorie à laquelle ils appartiennent.

1. La façon la plus correcte, en restant bienveillant, de confronter une généralisation, consiste à poser une question, avec une expression vocale et non verbale qui marque l'étonnement :

Exemples :

« — ... et puisque les méridionaux sont peu dynamiques... »
Confrontation OK : « Tous les méridionaux, pensez-vous ? »

« — ... les femmes (les jeunes, les étrangers, les ouvriers, les "gens bien", les syndicalistes) ne voudront pas...
Confrontation OK : « Toutes les femmes (les jeunes, les ...) ? »

2. La confrontation OK de ce que la PNL appelle les « quantificateurs universels » se fait de la même façon :

Exemples :
« ... et personne ne viendra à une foire de ce type, parce qu'il pleut toujours en Bretagne à Pâques ! »
Confrontation OK : « Vraiment personne ? Et est-il sûr (c'est-à-dire, est-ce vérifié statistiquement) qu'il pleuve chaque année en Bretagne, à Pâques ? »

« ... Personne ne tient compte de ce que je dis ! »
Confrontation OK : « Personne ? Vraiment personne ? »

3. La confrontation des verbes non spécifiques appelle l'emploi d'une question exploratoire :

Exemple :
« Ils me *demandent* trop ! »
Confrontation OK : « Qu'est-ce qu'ils demandent, précisément ? »

« Je lui ai cependant bien montré comment faire... »
Confrontation OK : « Comment précisément avez-vous fait pour lui montrer ? »

4. La confrontation OK se fait également par questionnement exploratoire :

Exemple :
« La communication ne va pas, entre nous. »
Confrontation OK : « Qui veut communiquer quoi à qui ? »

« Ça, c'est mon grand problème ! »
Confrontation OK : « En quoi est-ce un problème ? »

228 / *Les Techniques d'influence*

▶ FICHE n° 35

ENTRAÎNEMENT À LA CONFRONTATION DES SUPPRESSIONS

Pas de timing

Confrontation des suppressions
Exemples :
« *Ça,* c'est ce *qu'ils* disent. »
« C'est gênant ! »
« François travaille mieux. »

Questions opératoires

Trouver les éléments manquants :
« De quoi est-il précisément question ?
Qui est-ce, « ils » ?
« Mieux que qui ? »

▶ FICHE n° 36

CONFRONTATION OK DES SUPPRESSIONS

min. 24 h

Pour confronter les différents types de suppressions repérés par la PNL, il importe de poser des questions exploratoires :

1. Pour les suppressions simples :
Exemple : « Je suis en colère… »
Confrontation OK : « A propos de qui ? A propos de quoi ? »

2. Pour les références manquantes :
Exemple : Ça, c'est son affaire ! »
Confrontation OK : « Qu'est-ce qui est "son affaire" ? »

3. Pour les origines perdues :
Exemple : « C'est mal de mentir. »
Confrontation OK : « Qui dit cela ? Comment savez-vous que c'est mal ? » « C'est mal pour qui ? »

FICHE n° 37

CONFRONTATION OK
DES MALFORMATIONS SÉMANTIQUES

Rappel : les malformations sémantiques désignent très précisément les plus grandes difficultés à exprimer correctement ce qui se trouve dans la structure profonde.

C'est la confrontation OK des malformations sémantiques qui demande le plus de bienveillance.

Les malformations sémantiques posent souvent un problème de prise de conscience difficile pour beaucoup de gens, comme c'est le cas pour les croyances erronées.

1. Confrontation OK de la relation de cause à effet :
Exemple : « Il me rend nerveux. »
Confrontation OK : « Qu'est-ce qu'il fait, exactement ? »

Et, peut-être à garder pour un deuxième temps :
« Et comment faites-vous pour vous rendre nerveux, avec cela ? »

2. Lecture de pensée :
Exemple : « Il ne m'apprécie pas. »
Confrontation OK : « Comment le savez-vous ? »

Ce type de confrontation aura souvent pour effet de produire des réponses qui auront à leur tour besoin d'être confrontées.
Exemple : « Quand quelqu'un vous dit "......", c'est bien qu'il ne vous apprécie pas, tout de même ? » (généralisation)
Nouvelle confrontation OK : « Est-ce sûr ? »

3. La confusion « sentiments/comportements ».
Exemple : « Je pense que c'est pénible... »
Confrontation OK : « Tu veux dire que cela te rend triste... ? »

4. Opérateurs modaux :
Exemple : « Je ne peux pas lui dire ça ! »
Confrontation OK : « Que se passerait-il, si tu lui disais ? »
Risque de réponse qui soit une généralisation ou une suppression, d'où, besoin de confrontation nouvelle.
Exemple le plus répandu : « Je ne sais pas faire… »
Confrontation OK : « Est-ce vraiment si sûr, que tu ne saches pas… »

5. Les « mais » réducteurs :
Exemple : « Je voudrais bien, mais je ne trouverai jamais l'occasion de… »
Confrontation OK : « Est-ce absolument sûr ? »

▶ FICHE n° 38

SYNOPTIQUE DU MÉTA-MODÈLE

1. DÉFORMATIONS

Pour compléter :

- **Généralisations**
« toujours », « jamais », « tous les… »   « Tous ? », Toujours ? »

- **Verbes non spécifiques**
« Il *exige* trop », « Je le lui *montre* bien. »   « Qu'est-ce qu'il exige ? »

- **Nominalisations**
Un processus en cours (une action) est transformé en nom commun :
« J'ai un problème avec lui »   Restituer ce qui se vit

2. SUPPRESSIONS
- **Manque de référence :**
« Ça, c'est gênant ! »   « C'est quoi, ça ? »
« Léon travaille mieux. »   « Que qui ? » « En quoi ? »

3. SÉMANTIQUE INCORRECTE

- **Confusion sentiments/comportement**

«Je pense que, je crois que...» pour «J'éprouve» — «Que ressens-tu?»

- **Opérateurs modaux** (verbes d'obligation)

«Je dois», «Il faut», «Je ne sais pas faire...» — «Que se passerait-il si...?»

— les «mais» réducteurs
«Je voudrais bien mais je ne sais pas» — «Qu'est-ce qui empêche?»

- **Faux rapports cause/effet**

Croyance qu'un être humain puisse provoquer des émotions, des sentiments chez un autre
«Il me rend nerveux» — «Qu'est-ce qu'*il* fait et que faites-*vous* alors?»

- **Lecture de pensée**

Impression de connaître les pensées, les sentiments d'un autre :
«Il ne voudra pas» — «Comment le savez-vous?»

- **Limites de conscience, de réflexion**

Très fréquentes à propos de :
– sentiments
– résolution de problèmes (méconnaissances des capacités créatives)
– métaphysique

Questions exploratoires

- **Limites dues à la logique Aristotélicienne**

«A est A. Différent de non-A» — Propositions non-A

FICHE n° 39

CONFRONTATION OK
DES MALFORMATIONS SÉMANTIQUES

(suite)

6. Les équivalences complexes :
Exemple : « Il me regarde bizarrement, il doit me juger ! »
Confrontation OK : « Est-ce que le fait de te regarder comme ça prouve qu'il te juge ? »
« Est-ce que toi, il t'est déjà arrivé de regarder quelqu'un de cette façon, sans le juger ? »

Appellera souvent une nouvelle confrontation à faire.

7. La double contrainte :
Exemple : « Sois spontané ! »
Confrontation OK : « As-tu conscience de ce que tu me demandes quelque chose de contradictoire ? Etre impérativement quelque chose qui ne se commande pas ? »

Bien que la double contrainte ne soit pas strictement reprise dans le Méta-Modèle de la PNL, il m'a paru intéressant de l'y ajouter (note de l'auteur).

Exemple vécu d'utilisation du Méta-Modèle pratiquée lors d'une intervention avec de jeunes cadres dans une entreprise importante de dimension internationale.

Après deux jours de formation aux Techniques de Créativité, je leur ai proposé de travailler sur un problème réel. La première chose à faire était de définir un problème pour lequel chercher des solutions créatives.

Je les ai invités à rechercher, en petits groupes, puis à se concerter sur un problème important concernant le personnel dont ils avaient la responsabilité.

Je leur ai demandé d'indiquer sur un tableau l'énoncé de ce problème. Ils ont écrit ceci : « On leur demande trop, sans arrêt. »

Devant un tel énoncé, il était évident qu'il me fallait utiliser le Méta-Modèle.

Voici ce que cela a donné (à peu près) :

RdL : « Qui est "on" ? »
Le groupe : « Les clients. »
RdL : « Uniquement ? »
Le groupe : « Et aussi les fournisseurs. »
RdL : « C'est tout ? »
Le groupe : « Mais aussi les autres départements. ... Et puis aussi la Direction. »
RdL : « Via les cadres de l'entreprise. »
Le groupe : « En effet. »
RdL : « Leur, cela veut-il dire que tout le personnel est dans cette situation ? »
Le groupe : d'abord : « Oui », mais après deux minutes : « ... mais non, Marti, ça ne concerne pas le personnel technique d'entretien. »

Après quelques minutes d'énoncés nouveaux, immédiatement reconfrontés, la réponse devenait : « Le personnel commercial. »

RdL : « Tout le personnel commercial ? Y compris les délégués de vente ? »
Le groupe : Non, bien sûr ! Uniquement ceux qui travaillent « au siège ».
RdL : « Donc, notre cible est bien : "Le personnel commercial du siège." Continuons : "Qu'est-ce qui est demandé ?" »

Suit une demi-heure pour dresser la liste de ce qui est réellement demandé : « une disponibilité immédiate ». Le même travail s'est poursuivi avec « sans arrêt ».

D'où il est ressorti un nouvel énoncé de problème à traiter : « L'ensemble des personnes (clients, fournisseurs, cadres) demande au personnel commercial du siège une disponibilité immédiate de 11 h 30 à 12 h 15, et de 16 h 30 à 18 h. »

Cela change les choses. Quand on sait mieux quel problème il faut résoudre, on sait mieux passer au stade suivant, qui est la définition d'un objectif à atteindre, parce que : Attention ! Beaucoup de gens — surtout dans la vie professionnelle — ne font pas bien la différence entre « énoncé de ce qui est un problème » et « objectif à atteindre ».

Vous ne serez pas étonné de m'entendre dire que mon expérience de la vie m'a beaucoup démontré que des difficultés comparables existent dans l'esprit de beaucoup de gens. Même sans qu'ils soient cadres d'entreprise !

▶ FICHE n° 40

ENTRAÎNEMENT AU CHUNKING

Rappel : le « chunking » est la pratique du « saut » d'un niveau de réalité « classée » à un autre niveau.

Par exemple, en partant du mot générique « Histoire », on peut « chunker » vers le bas — c'est-à-dire vers une sous-catégorie de cette branche scolaire, soit par exemple : « Histoire de France », ou « Histoire européenne » ; vers le haut, on trouvera un mot plus générique encore : « enseignement secondaire », par exemple, ou « enseignement universitaire ». Les personnes qui réussissent « chunkent » avec facilité et à propos.

Je ne peux que vous encourager, pour vous-même et lorsque vous voulez aider quelqu'un, à vous entraîner à cette gymnastique de l'esprit, qui est une façon de faire évoluer des objectifs (souvent exprimés en termes *trop* génériques) vers des mots — et surtout des verbes d'action :

Exemples :
« Ce que je voudrais, c'est être plus content dans la vie. »
Confrontation-chunking OK : « Dans quel secteur de la vie, précisément ? »
« — La vie de famille. »

Confrontation-chunking OK: « Ce désir d'évolution vers plus de satisfaction concerne-t-il toutes les relations familiales ? »
« — Non, je veux parler seulement de mes relations avec mes enfants. »
Confrontation OK : « Bon, et ce serait quoi "être plus content dans tes relations avec tes enfants" ? »

Le chunking s'avère très utile dans la vie des organisations où, si on ne le pratique pas, on peut se retrouver « victime » de malentendus, dont les conséquences peuvent être importantes.

C'est particulièrement le cas dans la définition d'objectifs.

Exemple :

« Il faut augmenter nos ventes l'année prochaine. »
Confrontation-chunking OK : « Toutes nos ventes ? De tous nos articles ? Tout au long de toute l'année, dans tous nos secteurs ? »

Ce qui a pour effet de définir des objectifs souvent plus réalistes, plus concrets que le générique « Il faut vendre plus, l'année prochaine ».

Cela peut devenir : « Il importe que les ventes de nos articles B, C, D et G voient leur pourcentage de vente accru de 2 % dans les deux derniers trimestres de l'année 1993, dans les départements de l'Est et du Sud-Est. »

▶ FICHE n° 41

ENTRAÎNEMENT À LA DISSOCIATION SIMPLE

La Dissociation simple est une technique qui peut vous servir à vous-même, tout comme vous pouvez l'utiliser dans une relation d'aide que vous guidez.

Cette technique est utile lorsqu'il s'agit de dépasser une expérience immédiate et «prendre du recul».

Il s'agit donc de conduire cette proposition.

Selon le système de représentation dominant de votre interlocuteur :

«Qu'est-ce que tu ressens dans cette situation? Qu'est-ce que cela te ferait si tu te *mettais plus en arrière pour la ressentir avec du recul*?» (kinesthésique)

«*Que te dis-tu en entendant* ce que sont les choses de cette façon? Ne serait-il pas possible *d'entendre un autre son de cloche* à leur sujet?» (auditif)

«Comment *vois-tu* la situation actuelle? Que penses-tu de la *regarder avec du recul*?» (visuel)

Pour la conduite de ce type de proposition — tout comme pour tous les types — la richesse de votre imagination est la bienvenue pour multiplier les suggestions que vous pouvez proposer à votre interlocuteur.

Comme, par exemple, en lui disant :
«Supposons que tu sois le «metteur en scène» de la situation actuelle. Comment pourrais-tu faire pour la faire évoluer avec bonheur (ou efficacité)? (d'après un modèle d'intervention inédit de John Grinder).

Ou encore, selon un modèle inédit de Gene Early :
«Imagine que ce qui te pose problème soit projeté sur un écran. Vois donc (telle chose) et aussi (telle chose).

Et, lorsqu'une solution a été trouvée :
«Maintenant que tout est bien, entre dans l'écran!»

▶ FICHE n° 42

ENTRAÎNEMENT À L'INTERVIEW DES CONTRADICTIONS, DES OBJECTIONS

Cette fiche ne vous propose pas vraiment d'exercice. Les spécialistes s'accordent pour dire qu'il y a objection davantage par suite de mauvaise synchronisation, ou parce qu'un argument que nous avons avancé heurte la CdM de notre interlocuteur.

Et, quand réelle objection il y a, la PNL nous apprend que les Super-C° ne se lancent surtout pas dans ce que deux millénaires d'agressivité « rentrée » nous ont appris : le « rentre-dedans » pour « prouver » à l'autre qu'il a tort.
  Tout au contraire, les Super-C° se caractérisent par le fait d'**accueillir l'objection** comme une **source d'informations** précise. En quoi, ils ont raison.

En effet, lorsque votre interlocuteur vous assène : « Ecoute, René, je ne suis pas du tout d'accord avec toi quand tu dis que... », il vous informe de ce qu'il perçoit la réalité dont vous parliez autrement que vous.
  Ce qui est efficace, quand bien même vous avez à votre disposition des arguments massues, tient dans le mot « interviewer » l'objection, la contradiction.

Cette démarche est voisine de ce que Th. Gordon conseille dans son « Ecoute Active »*.

Entraînez-vous à aborder les prochaines contradictions, les prochaines objections que l'on vous fera avec cette attitude.

---

* Th. Gordon, *Parents efficaces* (Marabout Service n° 182), *Cadres et dirigeants efficaces* (Marabout Service n° 1831).

▶ FICHE n° 43

AIDER UNE PERSONNE DÉPRIMÉE

Il ne s'agit évidemment pas ici de considérer l'aide aux déprimés chroniques, ni de se substituer au personnel soignant qualifié.

Mais tout simplement de rencontrer une personne qui vit «un passage à vide» ou qui éprouve un état de déprime occasionnel.

Mon conseil sera simple : je vous invite tout d'abord à observer ce qui se passe autour de la personne déprimée. Ses proches, ses collègues, ses amis sont en général là, présents, face à elle, et lui assènent (avec la meilleure intention du monde) ce qu'ils croient être des phrases «pour lui remonter le moral» : «Mais enfin, Camille, tu as tout de même ton conjoint, tes enfants, ton travail!!!»

Toutes ces phrases «banales» à force de se vouloir bienveillantes sont des projections de la CdM de ceux qui croient offrir du réconfort. Alors que, bien souvent, une déprime, c'est la difficulté passagère à ne pas se trouver satisfait de ce que, précisément, les autres trouvent satisfaisant.

Et dès lors, l'attitude la plus aidante, c'est de se distinguer de ce concert de bons conseils, de «Mais tu devrais...», de «Y'a qu'à...» en offrant son écoute non jugeante à l'autre, en lui faisant comprendre, voir, entendre et ressentir qu'on accepte sa CdM, telle qu'elle est. Il n'est même pas nécessaire d'ajouter «actuellement». Le déprimé ne sait que trop bien «qu'il ne peut pas rester dans cet état», «s'y complaire».

Ne ratez pas, en face d'un collègue, d'un partenaire, d'un ami qui «déprime» l'occasion d'être cette personne *extra*-ordinaire, au sens premier du terme, qui se distingue par ce que, plus tard, l'«ancien déprimé» appellera probablement «la seule personne qui m'ait alors vraiment compris, et aidé».

AVERTISSEMENT

La pratique des Techniques d'Influence de la PNL (cette appellation est mienne) comporte un risque important dont il faut que je vous avertisse :

En se synchronisant aux gens que l'on rencontre, on risque de les apprécier, comme on ne l'a jamais autant fait par le passé. On peut même dire qu'on risque de voir ses capacités d'amour oblatif (amour de l'humanité) se développer. En cette fin de deuxième partie, je ne pouvais pas ne pas vous avertir de ce risque !

« Si je n'étais pas autre que toi, comment pourrais-je t'aimer et aller plus loin que moi ? »

(Jean-Yves Leloup
dans *L'Evangile de Thomas*)

Risques simultanés

Ayant compris dans quel esprit s'est édifiée la PNL, vous ne vous étonnerez sans doute pas qu'au risque décrit ci-dessus, j'en ajoute encore.

Notamment celui de vous voir accroître le goût de renoncer définitivement à toutes les petites mesquineries et manipulations auxquelles notre éducation occidentale nous a sûrement fait goûter. Eh oui ! La découverte de l'Altérité débouche presque invariablement sur le désir d'accroître son intégrité, et donc de dire, pour le plus grand bonheur de ceux que nous rencontrons, et pour le nôtre : « Au revoir, petits et (parfois) gros mensonges ! Bonjour, la transparence ! »

Cette dernière démarche risquant, à son tour, de vous voir vouloir amplifier une démarche déjà entreprise — puisque vous avez ce livre entre les mains : celle de vouloir, sûrement, poursuivre votre **évolution personnelle.**

▶ RÉFLEXION n° 9

MÉDITATION SUR NOS OBJECTIFS

Dans la vie, il y a toutes sortes de choses que l'on souhaite, que l'on veut.

Certaines sont des désirs matériels. Des biens, des choses que l'on désire acquérir par nécessité, par besoin, par envie.

Certaines sont des réalités affectives. Des gens dont on souhaite l'affection, la considération ou l'amour.

Certaines encore sont des « réalités temporelles ». Des choses que l'on veut atteindre, comme un diplôme ou une reconnaissance officielle.

Certaines enfin concernent des « projets » que l'on veut réaliser. Comme devenir propriétaire, devenir musicien, médecin, boulanger ou écrivain.

Chez beaucoup d'entre nous, ces besoins, ces désirs, ces projets entrent dans nos têtes et y « flottent » — parfois des années durant.

L'observation des agonisants nous apprend que beaucoup d'entre eux se résignent à quitter ce monde sans avoir satisfait l'un ou l'autre de ces désirs.

Il me semble qu'il peut, sûrement, être une bonne chose que d'introduire, au sujet de nos désirs, une notion que très peu s'accordent à associer au monde de leurs désirs : celle d'« **organisation** », de manière à y voir plus clair, et celle de « **planification** », de manière à augmenter les chances de se voir réaliser.

Pour ce faire, il faut tout d'abord décider d'y consacrer un « certain temps ».

● Le premier stade constructif consistera à « mettre de l'ordre » dans ces désirs qui « flottent » dans votre esprit.

Une bonne manière de faire consisterait à « explorer » (avec une ou, de préférence, deux ou trois personnes proches) les différences entre les «concepts» mentionnés au début de cette fiche (souhait, besoins, désirs, projets, objectifs).

• En un deuxième stade, de leur appliquer la fiche n° 22 (pour les organiser en «objectifs à atteindre»).

• En un dernier stade, de les planifier, c'est-à-dire de fixer des échéances de réalisation.

► RÉFLEXION n° 10

COUÉ AVAIT RAISON!

La méthode Coué a été l'objet de nombreuses railleries.

A une époque où il valait mieux posséder quelques titres de doctorats pour oser publier un ouvrage traitant de la santé mentale, à une époque (1923) où un ouvrage de ce genre commençait par «Mesdames, Mesdemoiselles, Messieurs...» (du moins dans l'édition originale), que n'a-t-il dû faire ses preuves, le *« petit pharmacien »* de Nancy, Emile Coué, de persévérance — et, finalement, n'est-ce pas la plus forte démonstration de la pertinence de ses vues? — face aux critiques, toujours teintées de condescendance, vis-à-vis de sa «méthode» d'auto-suggestion...

En effet, si tous les matins, on se dit à soi-même (dialogue auditif interne): «T'es qu'une pauv' cloche et la vie n'est qu'un cortège d'embarras et de problèmes», si, vraiment, on se dit des choses pareilles, on mobilise ses ressources mentales pour «arranger» sa perception des choses de la vie — et même, on s'arrange, peu consciemment, il est vrai, pour influencer le cours des choses de manière telle que les difficultés accourront.

Il a bien raison, Monsieur Coué, quand il dit: «Ce n'est pas la volonté qui nous fait agir, c'est l'imagination.»

Gageons que s'il avait vécu 70 ans plus tard, il aurait certainement été reçu par Bandler et Grinder avec grand intérêt et déférence.

Comment? Vous ne connaissez pas la «célèbre méthode Coué»? Ou celle-ci est-elle accompagnée uniquement d'une référence ironique dans votre Carte du Monde?
Il est peut-être temps de la redécouvrir — et je ne peux que me réjouir de l'initiative prise par l'éditeur du livre que vous avez entre les mains d'avoir réédité cet ouvrage en cette fin de siècle! (*La Méthode Coué,* Marabout Service n° 28.)

▶ FICHE n° 44

TENTER DE NOUVELLES FORMES DE CONTACTS

1. Essayez d'entrer en communication (plus profonde qu'un simple échange de formules de politesse ou de banalités) avec des personnes avec qui vous n'en avez pas l'habitude, comme: un agriculteur, un gardien de musée, un facteur, un personnage dit «important», etc.

2. Essayez de trouver des «choses inédites» à dire à des personnes, choses différentes de celles dites par routine.
Par exemple, essayez (en n'oubliant pas les règles de «rapprochement progressif» de la synchronisation) de connaître l'avis de votre facteur, de votre marchand de

journaux, sur l'intérêt de l'exploration spatiale, sur l'intérêt de publier des ouvrages tels que celui-ci, etc.

3. Essayez de faire des compliments (avec intégrité et congruence) à des professionnels dont vous pouvez admirer le travail ou tout du moins leur utilité, comme par exemple à un fleuriste : « Je vous remercie de faire le beau métier que vous faites. » A un employé de la compagnie des eaux ou du gaz : « Merci d'être là... Que ferais-je sans vous... ? »

TROISIÈME PARTIE

BOÎTE
À OUTILS DIVERS

> *« La pensée rationnelle trop droite
> peut conduire l'évolution à une impasse. »*
> G. Bachelard, in *La Philosophie du Non*,
> Quadrige, P.U.F.

Cette troisième partie vous propose une série de fiches de réflexion et quelques stratégies d'excellence personnelle.

QUI ÉTAIT ALFRED KORZYBSKI?

Je me suis souvent demandé quelle avait été l'influence de la Sémantique Générale sur certaines œuvres de René Magritte. Quand on lui demandait pourquoi il écrivait « Ceci n'est pas une pipe », sous le dessin d'une pipe, ou « Ceci n'est pas une pomme » sous le dessin d'une pomme, le génial peintre surréaliste belge répondait inexorablement : « Essayez donc de la manger ! », ce qui est bien indicatif de la réflexion du peintre, et bien en harmonie avec l'*esprit* de la Sémantique Générale. Les représentations des choses ne sont pas les choses elles-mêmes.

Le père de la Sémantique, Afred Korzybski — dont les premières publications datent de 1921 — le disait avec une phrase à lui, devenue célèbre : « La carte n'est pas le territoire. »

A. Korzybski est l'une des figures de la pensée les plus méconnues du XXe siècle. Il est né à Varsovie en 1879, dans une famille de mathématiciens, d'ingénieurs et de scientifiques.

Il fait ses études d'ingénieur à l'Institut polytechnique de Varsovie. En 1914, il s'engage comme volontaire et se retrouvera, plus tard, expert en artillerie au Canada et aux Etats-Unis où il s'installe, une fois les hostilités finies.

Sa réflexion sur la condition humaine l'amène à publier *Manhood of Humanity* (1921); *Time Binding: the General Theory* (1924-1926); *Science and Sanity, An Introduction to Non-Aristotelician Systems and General Semantics* (1933).

En 1938, il fonde The Institute of General Semantics qu'il dirige jusqu'à sa mort en 1950.

Ses objectifs : « Doter les hommes d'un outil intellectuel de développement dont la pertinence serait plus conforme aux réalités qu'il rencontre. »

C'est sans doute l'esprit curieux de Boris Vian qui a permis au public francophone de rencontrer cette discipline fort intéressante et prometteuse.

Comme de nombreux admirateurs tardifs de la Sémantique Générale, Michel Saucet et moi-même devons en fait la découverte de Korzybski à l'auteur de *L'Automne à Pékin*, pour son travail de traducteur de la trilogie *(Le Monde des non-A, Les joueurs du non-A, La fin du non-A)* d'Alfred Van Voght (publiés dans *J'Ai Lu*).

En découvrant l'œuvre de Korzybski, A. Einstein avait comparé la Sémantique Générale à une théorie générale de la relativité dans les sciences humaines.

Dans son excellent ouvrage sur le sujet, Michel Saucet présente la Sémantique Générale comme suit : « Elle nous permet de prendre conscience de l'influence du langage sur la connaissance, la communication et notre comportement.

« La carte n'est pas le territoire. » C'est-à-dire les mots ne sont pas les choses qu'ils décrivent.

On a souvent résumé la pensée d'Alfred Korzybski par cette formule devenue plus célèbre que son génial créateur. »

Nous employons constamment le langage dans notre vie quotidienne.

Or le langage est impropre à représenter correctement les réalités qu'il décrit.

Pour ma part, Korzybski a surtout fait œuvre utile en dénonçant les nombreuses « erreurs » auxquelles se heurtent les humains en utilisant ces représentations symboliques que sont les mots. Il a ensuite tenté d'établir un système de représentation « indexé » aux faits, à la réalité. Cette « ingénierie humaine » — comme Korzybski l'a, lui-même, baptisée — a donné naissance à un enseignement qu'ont suivi, aux Etats-Unis essentiellement, des milliers de gens.

Mon avis est que cette discipline n'a pas le retentissement qu'elle mériterait, parce que ses conclusions sont trop dérangeantes pour nos esprits paresseux et conformistes.

Un peu comme si Sigmund Freud avait vécu et publié son œuvre en plein XIXe siècle victorien! L'expérience m'a appris que le point de vue de la Sémantique Générale d'Alfred Korzybski peut déranger.

Développement : En nommant le monde, nous le créons aussi. Cela veut dire que parce que nous donnons une « étiquette » à une chose, nous — les humains — nous contribuons à « créer » une définition des choses, qui est peut-être incorrecte.

C'est le sens des phrases célèbres : « La carte n'est pas le territoire. » « Le mot *rose* n'a pas d'épine », et aussi, « Le mot *chien* n'aboie pas ».

Et pourtant, que signifie cette dernière phrase? Tout simplement, comme vous l'avez maintenant compris — de même que votre expérience vous l'a appris — vous savez que, dans certaines circonstances, il existe des personnes qui, sans être psychotiques, peuvent prendre peur — ou du moins, éprouver certains tremblements de frayeur — à la seule écoute du mot « chien ».

Le mécanisme est le suivant : une personne fait une expérience désagréable de morsure de chien. Dans sa CdM, le mot et l'expérience s'associent pour former un amalgame unique — comme si, pour cette personne, le seul mot « chien » finissait par être capable de mordre.

Si les sémantiques incorrectes n'affectaient que ce type de réalité, B&G auraient peut-être perdu leur temps à s'intéresser à ce phénomène. On comprend le caractère important de cet « éclairage » lorsqu'on l'applique à d'autres réalités que le mot « chien » et la fonction de « mordre ».

La plupart des psychologues — surtout depuis l'émergence du Mouvement du Potentiel humain — s'accordent pour dire que la très grande majorité des humains sous-estiment — dans des proportions absolument *dramatiques* — leurs capacités, leurs potentialités.

« Je ne suis pas capable de... » est une phrase souvent prononcée dans l'intimité du cabinet du psychothérapeute.

Les conséquences en sont catastrophiques pour l'humanité. S'appuyant sur le besoin d'avoir « une identité bien définie », combien d'humains ne se limitent-ils pas au développement de leurs seuls talents les plus « émergeants », négligeant d'explorer la très riche palette de potentialités dont ils sont pourvus ?

Autre exemple aux conséquences très regrettables, de la façon dont se façonne notre « réalité », notre CdM : combien d'hommes ne confondent-ils pas « désir » et « amour » parce qu'ils n'ont pas appris à nommer leur désir*, et finissent par dire « Je t'aime » à une femme pour pouvoir faire l'amour avec elle. Encore une série de comportements où la sémantique incorrecte s'avère très préjudiciable aux humains de notre fin de XXe siècle : les rapports de **cause à effet** erronés qui existent dans nos CdM.

---

* J'écris *hommes*, parce que j'ai, moi, auteur, ce préjugé qu'il s'agit d'une réalité plus fréquente chez les hommes.

LE MODÈLE DU RECADRAGE EN SIX PAS

A titre d'information — davantage pour illustrer «l'esprit» du recadrage que pour l'utiliser dans vos contacts avec d'autres — je vous indique ici les principes d'un modèle propre à la pratique thérapeutique: le recadrage en six pas.

1. Identifier le comportement à changer.

Une personne veut faire quelque chose (C) et n'y arrive pas. Une personne veut cesser de faire quelque chose (C) et n'y arrive pas.

Etape à traiter selon les indications de la Définition d'Objectif (voir fiche n° 22).

2. Etablir le contact avec la partie responsable de ce comportement C.

3. Chercher l'intention positive qui sous-tend ce comportement.

4. Demander à cette partie si elle serait d'accord d'envisager d'autres comportements satisfaisant la même intention positive.

5. Demander à la partie créative de chercher* plusieurs autres moyens de satisfaire cette intention positive.

6. Demander de choisir deux d'entre eux et pratiquer la vérification écologique.

---

* Comme déjà indiqué auparavant, peu de gens savent qu'ils possèdent en eux une partie créatrice — capacité qu'ils croient réservée au savants et aux artistes (voir à ce sujet *L'Analyse Transactionnelle* Marabout Service n° 35). Il est souvent nécessaire de leur en faire prendre conscience.

▶ STRATÉGIE D'EXCELLENCE n° 1

LE GÉNÉRATEUR DE NOUVEAU COMPORTEMENT

Que voilà une stratégie au projet pour le moins ambitieux ! Et pourtant, elle « fonctionne » !

Elle est issue des développements les plus pertinents en matière de changement personnel.

Elle est utilisée aujourd'hui par la très grande majorité des praticiens de PNL, actifs dans le domaine de la psychothérapie.

C'est d'ailleurs lorsqu'elle est guidée par une personne qui a su établir avec vous une relation profonde, que son efficacité est optimale. (Il se pose, en effet, une difficulté « technique » à se donner des directives à soi-même « Regarde dans cette direction, puis dans celle-là », qui me porte à ne pas encourager franchement l'emploi en solitaire).

Pour votre information, sachez cependant qu'elle est beaucoup employée par ceux qui ont suivi une formation en PNL.

Si ces avertissements ne vous rebutent pas, sachez cependant respecter les quelques conditions suivantes pour la pratiquer :

1. Le Générateur de Nouveau Comportement est une stratégie d'excellence extrêmement puissante, à suivre pas à pas (étape après étape).

Elle permet de modifier un comportement, une habitude qui n'est plus désiré et de le remplacer par un autre, et d'en imprégner notre système neurologique d'une manière puissante.

2. La réussite de l'emploi de cette stratégie est conditionnée par le suivi très strict des étapes, en prenant bien le temps de les vivre telles que décrites.

3. Il est recommandé de faire précéder l'usage de cette stratégie d'un moment de vraie relaxation.

4. Les flèches indiquent la direction que doit prendre le regard pendant cette phase de l'opération (du point de vue du lecteur).

GÉNÉRATEUR DE CHANGEMENT PERSONNEL

Ordre des étapes

1. « Prenez contact avec une sensation de capacité personnelle que vous connaissez bien (une chose à propos de laquelle vous pouvez vous dire « ça, je sais bien le faire ») ».

2. « Eprouvez la sensation bienfaisante que procure cette pensée. »

3. « Posez les doigts de la main sur l'un de vos genoux. »

4. « Choisissez un comportement ou une habitude nouvelle que vous voulez acquérir. »

5. « Demandez-vous et répondez-vous en regardant de quoi vous auriez l'air en adoptant ↘ ce comportement. »

6. « Regardez-vous le faire. » ↖

7. « Mettez-vous dans la vision et posez à nouveau vos doigts sur votre genou. » ↙

Si la sensation éprouvée à l'étape 7 est la même que celle de l'étape 3, le nouveau comportement est intégré neurologiquement.

Si ce n'est pas le cas, demandez-vous (Ai) ↘ ce qu'il faut ajouter et reprenez à l'étape 5.

▶ **STRATÉGIE n° 2**

LES SCHÉMAS HEURISTIQUES

Un schéma heuristique est une manière de noter les idées qui viennent à l'esprit et qui stimule particulièrement la créativité à en découvrir d'autres. Ils facilitent aussi la mise en ordre des idées.

Exemple : effets à emporter en vacances à la montagne.

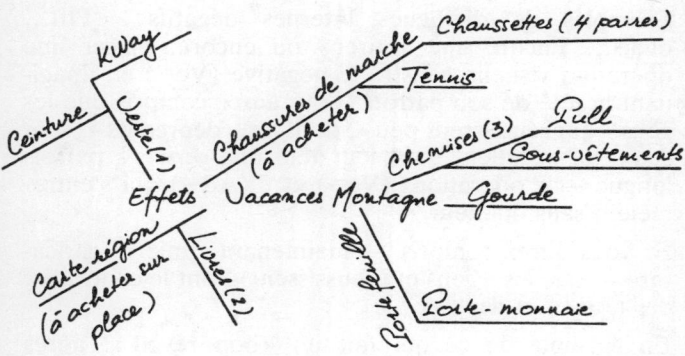

► STRATÉGIE n° 3

STRATÉGIE DU BON RÉVEIL

Que vous vous réveilliez au son du réveil ou du clairon — il faut tout prévoir —, il s'agit évidemment d'une première opération. Il s'agit bien sûr d'une opération Auditive externe ou Ae.

C'est après cette première opération que les choses se compliquent pour beaucoup de gens, soit que la deuxième opération soit un dialogue interne « ronchonnant » (Adi−)*, soit qu'elle consiste à se rendormir (K+). Je peux mettre un plus, maintenant, parce que les ennuis sont pour plus tard...

Exemples de dialogues internes négatifs : « Pfff... ouais... Encore une à tirer » ou encore, placer une opération visuelle construite négative (Vc−) en imaginant la tête de son patron. Vous aurez compris que les gens « qui réussissent peu », dont les « dépressifs », sont ceux qui installent dans leur tête une série — parfois longue — d'opérations (Vc−) et d'(Ad−) qui s'entremêlent sans bonheur.

Et vous aurez compris — maintenant, finie la caricature — que les « gens qui réussissent » font le contraire : des (Ad+) et des (Vc+).

Un exemple de ce qui fait un « bon réveil » : après l'élément sonore réveillant, faites défiler un petit film à vous (Vc+) de tout ce que vous imaginez voir de positif, au cours de cette nouvelle journée : le soleil, les arbres — si c'est le cas, votre bureau (les dossiers que vous aimez traiter) — si c'est possible, et surtout : la tête des gens sympa — que vous savez rencontrer aujourd'hui, le tout suivi de ce qui pourrait devenir « votre »** hymne — au bonheur : « Ah ! Chouette ! Encore une journée au cours de laquelle je vais pouvoir ren-

---
* Rappel : Adi− signifie auditif dialogue interne négatif.
** A composer avec vos mots, vos valeurs, vos références, bien sûr.

contrer Fabienne, Alain, Christiane! Et bien d'autres...
(Ad+) suivi de la dernière opération de cette stratégie :
(K+) : vous lever.
Donc, un choix : le vôtre (Ae) > (Vc+) > (Ad+) > K+
= être debout, en forme; plutôt que (Ae) > (Ad−)
(Vc−)* (Ad−) > K− = se recoucher, en attendant les
conséquences négatives...

RÉUSSIR SES RÉUNIONS**

Sans nier l'importance des étapes de travail proprement dites, ni l'importance de celle des prises de décisions et de conclusion, ma longue expérience de l'animation de réunions me permet de confirmer ce que de nombreux auteurs affirment : « On *gagne* sa réunion par un bon lancement de réunion. »

La PNL apporte, à ce sujet, un enseignement utile et facile à mettre en application : elle conseille d'ajouter aux phrases habituelles de début de réunion, relatives au but de la réunion — et forcément prononcées avec des mots correspondant au type sensoriel préférentiel de l'animateur — une reformulation de ceci dans les deux autres systèmes sensoriels.

Exemples : « Nous sommes réunis aujourd'hui pour *toucher* de près cet intéressant outil qu'est la PNL; autrement *dit,* je vous propose d'*entendre* ce qu'est cette discipline nouvelle; et encore, ce qu'elle nous offre comme *perspectives.* »

---

* Ce peut être aussi les quatre murs de votre chambre, si vous décidez de « vous en faire » toute la journée.
** *Réussir ses réunions,* Marabout Service n° 1830.

► STRATÉGIE n° 4

STRATÉGIE-CADEAU :
OFFREZ-VOUS UN « TAPIS MAGIQUE »

Malgré ce titre de fiche que j'ai voulu « accrocheur », il s'agit d'une proposition très sérieuse que de nombreux formateurs et moi-même avons présentée et dont l'efficacité a souvent été démontrée (pour ma part, je l'ai notamment proposée à des cadres d'entreprise qui s'en sont montrés impressionnés — parfois troublés, positivement — et satisfaits).

De quoi s'agit-il ? De créer un ancrage fort entre un Etat de Ressource et un « morceau de papier » (dans ce cas, une feuille d'environ 60 × 40 cm), une serviette de toilette, ou un petit tapis.

Comment faire ? Ce sera plus facile si une personne bienveillante vous lit, lentement, les suggestions suivantes :

— Mettez votre « tapis » (ou serviette, ou feuille de papier) sur le sol. Placez-vous à 30 cm devant.
— Entrez en contact avec le souvenir d'un moment de grande réussite (je vous rappelle que c'est vous-même qui choisissez ce qu'est une grande réussite à vos yeux).
— Percevez-en les souvenirs visuels liés à ce moment.
— Puis, maintenant, les souvenirs auditifs.
— Et, enfin, rappelez-vous les sensations que vous avez éprouvées lors de ce moment.
— Quand vous êtes bien en contact avec cet ensemble de souvenirs visuels, auditifs et kinesthésiques, faites un pas en avant et mettez-vous sur votre « tapis ».
— Une fois sur le tapis, repassez encore une fois ces souvenirs en revue : les souvenirs visuels, auditifs et kinesthésiques.

Ça y est, votre tapis est devenu « magique » !

La prochaine fois qu'il vous faut affronter une situation qui demande un bon Etat de Ressource, sortez-le, mettez-vous dessus et entrez en contact avec vos ressources visuelles, auditives et kinesthésiques.

Dans les expériences de ce type que j'ai eu l'occasion de pratiquer dans des salles de réunions, les participants ne disposaient évidemment pas de serviettes de toilette, mais nous utilisions les feuilles d'un tableau-papier, que beaucoup ont emportées avec eux, la séance terminée !

A PROPOS DES BRUITS DE COULOIRS...

De nombreux dirigeants n'accordent — volontairement — pas d'importance aux bruits de couloirs. Selon Gene Early, un formateur en PNL de la deuxième génération, ils commettent là une erreur importante.

Pour lui, une organisation (qu'il s'agisse d'une entreprise ou de toute autre forme d'organisation) est un organisme qui présente bien des similitudes avec d'autres organismes vivants. «En tout cas, il est souvent instructif de percevoir les choses de cette manière!», nous dit-il en comparant les bruits de couloirs aux variations de la peau d'une personne.

Ce sont des «micro-comportements» révélateurs de «ce qu'il se passe quelque chose».

Sans doute la pause-café est-elle un lieu de concentration des bruits de couloirs.

Sans doute peut-on dire qu'une entreprise où l'on entend les gens en critiquer d'autres, faire des «jeux psychologiques» au sens de l'Analyse Transactionnelle, est-elle moins saine que celle dans laquelle les gens utilisent la pause-café pour réellement se détendre, rire, bavarder d'autres choses que de la vie de l'entreprise.

MODÉLISER QUELQU'UN DE PERFORMANT

Rappel : dans la plupart des disciplines techniques, cognitives, artistiques ou physiques, il existe une longue tradition de modélisation (modéliser voulant dire : organiser les étapes d'un savoir-faire après observation, de manière à pouvoir le reproduire). Or la PNL considère que ce qui fait la différence entre quelqu'un qui agit et réussit dans ce qu'il fait « normalement » et quelqu'un qui obtient une réussite « excellente », c'est au niveau des stratégies « fines » qu'il faut le chercher.

Donc, lorsque vous désirez modéliser une personne « excellente », il importe de :

1. Etablir un rapport puissant avec cette personne, de manière à pouvoir lui poser les questions relatives à ses stratégies fines, les stratégies VAKO qu'elle met à l'œuvre pour réaliser ses actions avec « excellence ».

2. Repérer ou interviewer la personne pour connaître ce qui est, chez elle, le **déclencheur** de son Etat d'excellence. Est-ce une chose vue, observée (dans ce cas, nous savons qu'il s'agit d'un déclencheur visuel) — d'une chose entendue (son, musique, paroles prononcées par la personne elle-même ou par quelqu'un d'autre) — déclencheur auditif, ou encore d'une sensation éprouvée (à partir de cette réponse, il faut peut-être chercher ce qui est déclencheur de la sensation elle-même) — déclencheur kinesthésique ; ou encore est-ce une combinaison subtile de plusieurs déclencheurs.

Attention ! Cette étape peut exiger du temps ! Pensez à celui qui aurait observé J.-J. Rousseau avant de travailler : il lui fallait se promener de longues heures (K), admirer fleurs et arbres (V), humer les senteurs de la forêt (O), se remémorer des discussions (A) avant d'élaborer de nouvelles idées ou explications !
Et il en est ainsi pour de très nombreux artistes !

3. Il faut ensuite poursuivre l'interview pour connaître la suite des opérations V, A ou K à l'œuvre dans ce qui fait la stratégie de la personne observée.

4. Etape importante : il faut ensuite essayer de la reproduire de façon à contrôler si l'on a bien « capté » ce qui se passe réellement dans la tête de la personne observée et, éventuellement, modifier son analyse.

Remarque : si cette description vous paraît fastidieuse, pensez que c'est probablement ainsi qu'ont opéré — peu consciemment, il est vrai — ceux qui ont modélisé de grands maîtres.

Sans quoi, il vous faut vous armer de patience, avant de recevoir les confidences spontanées d'un maître : « Avant de me mettre à écrire, j'observe les arbres de mon jardin et, les jours où l'inspiration arrive plus difficilement, il me faut entendre une cantate de Bach, chantée par une voix d'enfant ! »

260 / *Boîte à outils divers*

LES BONS CONSEILS DE LA VIE

Ce qu'on appelle «les bons conseils» — les vrais, ceux qui ont fait leurs preuves, sont aussi de bons programmes, modèles, stratégies.

Que ce soit ceux pour se protéger du froid l'hiver, du soleil l'été, des règles de conduite pour se protéger des mille agressions de l'existence, ou qu'il s'agisse, comme ci-dessous, d'une réponse donnée par le philosophe Michel Serres, à qui l'excellente journaliste qu'est Michèle Cédric demandait :
« Pensez-vous qu'il existe des stratégies «anti-vieillissement» efficaces ?
Réponse de Michel Serres :
— Il existe un moyen inefficace proposé par l'industrie pharmaceutique : les cosmétiques.
— Je pense, sérieusement, qu'il y a deux façons de prolonger notre existence. La première, c'est de faire régulièrement une heure de marche. La seconde, c'est de se forcer à lire, pendant quinze minutes par jour, un ouvrage dont la lecture est assez difficile pour soi. »

J'espère que la lecture de cet ouvrage ne vous aura pas semblé trop difficile, mais qu'elle vous permettra cependant de prolonger votre existence.

Et, pour terminer, mon conseil sera : «Ecoutez, regardez, ressentez davantage que vous ne parlez ! »

UNE CITATION PARTICULIÈRE

C'est au cours d'une randonnée dans la Vanoise qu'Agnès Geuret, brillante sémiologue* qui m'avait demandé de lui expliquer ce qu'était la PNL, attira mon attention sur l'importante présence de mots en rapport avec les systèmes sensoriels dans les deux premiers chapitres de l'Evangile selon saint Luc :

Luc 1, 2 D'après ce que nous ont transmis ceux qui furent dès le début témoins *oculaires* et qui sont devenus serviteurs de la *parole,*

4 afin que tu puisses constater la *solidité* des enseignements que tu a reçus.

11 Alors, il lui *apparut* un ange...

12 A sa *vue,* Zacharie fut *troublé* et la crainte s'*abattit* sur lui.

17 Et il *marchera* par devant sous le *regard* de Dieu...

19 L'ange lui *répondit :* « Je suis Gabriel qui me *tiens* devant Dieu. J'ai été envoyé pour te *parler...* »

22 Quand il *sortit,* il ne pouvait leur *parler* et ils comprirent qu'il avait eu une *vision* dans le sanctuaire ; il leur *faisait des signes* et *demeurait muet.*

25 « Voilà ce qu'a fait le Seigneur pour moi au temps où il a *jeté les yeux* sur moi... »

35 « L'Esprit Saint *viendra sur toi* et la puissance du Très-Haut te *couvrira de son ombre...* »

41 ... lorsque Elisabeth *entendit* la *salutation* de Marie, l'enfant *bondit* dans son sein...

42 Elle *poussa un grand cri...*

43 Comment m'est-il donné que *vienne* à moi la mère du Seigneur ?

44 Car lorsque ta *salutation* a *retenti à mes oreilles,* voici que l'enfant a *bondi* d'allégresse en mon sein.

...

---

* Agnès Geuret est diplômée de l'Ecole pratique des hautes études, à Paris, et auteur de *L'engendrement d'un récit : l'Evangile de l'Enfance selon Luc,* Collection Lectio Divina, n° 113, Editions du Cerf, Paris, 1983.

2, 46 C'est au bout de trois jours qu'ils le retrouvèrent dans le Temple, *assis* au milieu des maîtres, à les *écouter* et les *interroger*.
  47 Tous ceux qui l'*entendaient* s'extasiaient...
  48 En le *voyant*, ils furent *frappés* d'étonnement...
...

CHANGER SANS SOUFFRIR

La PNL annonce que ses praticiens sont en mesure de vous aider à effectuer les changements utiles, sans nécessairement effectuer des retours douloureux dans le passé.

Et ceci est une affirmation importante quand on sait la crainte que beaucoup ont, à l'idée d'un travail psychothérapeutique les concernant.

On peut ajouter que c'est bien souvent du jugement du thérapeute que les gens ont peur.

Dans leur livre *Frogs into Princes* (que l'on pourrait traduire approximativement par: «Comment changer un crapaud en prince»), B&G montrent ce qu'ils préconisent aux praticiens de PNL pour provoquer un changement bénéfique et durable chez une personne, sans que celle-ci ait à dévoiler, avec précision, le problème qu'elle veut surmonter.

Dans ces **thérapies secrètes,** le patient ne doit donner que quelques indications.

Exemple d'un problème traité avec Linda au cours d'une séance de formation à la PNL, en groupe:

> *« Linda, qu'est-ce qui vous donne ce sentiment désagréable? Est-ce un ensemble d'images ou une*

voix ? » Avant qu'elle ait répondu à la question, ils font remarquer aux assistants qu'elle a déjà donné sa réponse de manière non verbale. Elle a levé les yeux vers sa gauche et les a baissés vers la droite. Donc, elle a eu une image visuelle construite et un sentiment au sujet de cette image. Ils lui demandent de fermer les yeux pour se concentrer sur cette image provoquant des sentiments désagréables, qui s'expriment sur son visage et son corps qui tremble.

— Ancrage du problème

A ce moment précis, le thérapeute touche son épaule droite et explique : « Linda dit vrai, quand elle voit cette image, elle se sent mal, elle a vécu une expérience passée et les choses ne se sont pas passées comme elle l'aurait aimé. »
   Linda : « Oui, c'est exactement ça. »
   Le thérapeute lui demande alors de penser aux ressources dont elle aurait eu besoin à ce moment-là pour pouvoir réagir différemment à cette situation, pour pouvoir y réagir d'une manière qui lui aurait paru acceptable.

— Localisation des ressources

« Par ressource, dit-il, je n'entends pas une aide extérieure, mais un sentiment de confiance en soi, de force, d'attention, de capacité. Depuis ce moment du passé qui a été difficile pour vous, vous avez acquis de nouvelles ressources auxquelles vous n'aviez pas accès auparavant. Je vous demande de choisir une ressource qui vous aurait permis d'avoir à ce moment du passé une expérience totalement différente. Ne dites pas ce que c'est, pensez-y fortement. »

— *Ancrage des ressources*

A ce moment précis, le thérapeute touche l'épaule gauche de Linda. Puis, s'adressant au public : « Avez-vous remarqué les changements dans son expression, quand elle a pensé à la première image que nous appellerons Y et quand elle a pensé à cette nouvelle ressource que nous appellerons X. Et maintenant, voyons ce qui se passe. »

Le thérapeute touche l'épaule droite de Linda et l'expression de l'image pénible apparaît sur le visage et le corps qui tremble. Puis le thérapeute touche son épaule gauche. L'expression liée à la ressource X apparaît. Le thérapeute en profite pour faire une digression : « Si un client vous dit : "Je veux avoir davantage confiance en moi, je veux davantage d'attention des autres, avoir une meilleure relation avec eux", il vous donne la même information que s'il vous disait : "Je veux X", et même, il vous en donne moins, car s'il disait simplement "J'ai besoin de X", vous n'auriez aucune chance d'interpréter son besoin en fonction de vous-même. Quelquefois, j'en arrive à penser que ce serait plus facile de faire une thérapie dans une langue que l'on ne comprendrait pas du tout. Car, à ce moment-là, on ne pourrait pas une seconde s'imaginer que l'on comprend exactement ce que l'autre vient de dire ! »

Dans l'assistance, un thérapeute intervient : « Voulez-vous dire que chaque fois que vous allez toucher son épaule droite, Linda va se sentir mal ? » Plutôt que de répondre, le thérapeute touche l'épaule droite de Linda ; l'expression de son sentiment désagréable se lit à nouveau sur son visage et sur son corps.

Le thérapeute explique : « Nous appelons cela un ancrage. Aussi longtemps que je répète mon geste sur son épaule au même endroit et avec la même pression des doigts, cet ancrage la mettra directement en contact avec l'expérience pénible Y.

Ce conditionnement est le même que celui de l'expérience pénible dans laquelle une image est toujours systématiquement associée pour elle à un sentiment désagréable. »

— Confrontation des ressources et du problème

Puis, se tournant vers Linda, il lui dit : « Vous allez retourner vers cette expérience désagréable Y et vous allez cette fois emmener avec vous votre ressource X », et il lui touche son épaule gauche. *Puis il explique à l'assistance : « Nous appelons cela **changer son histoire personnelle**, vous retournez dans votre histoire personnelle avec des ressources que vous n'aviez pas à l'époque. »*

Linda, en ouvrant les yeux, s'écrie : « Je me sens beaucoup mieux. »

Le thérapeute lui demande alors d'évoquer à nouveau Y et questionne l'assistance sur ce qu'elle observe. Quelqu'un répond : « Je vois un mélange de X et de Y. » Le thérapeute demande à Linda : « Quand vous avez vu cette image, avez-vous senti la même chose qu'auparavant ? »

Linda : « Non, la peur est partie. »

— Vérification du changement

Pour vérifier qu'elle dit vrai, le thérapeute lui touche son épaule droite. Son expression est maintenant différente de ce qu'elle était quelques minutes auparavant.

Le thérapeute ajoute : « Linda, il y a d'autres situations dans votre vie de tous les jours où vous éprouvez le même sentiment désagréable Y. Qu'est-ce qui déclenche le même genre de sentiments ? Est-ce la manière dont quelqu'un parle, ou vous touche, ou... ? »

Linda : « C'est plutôt un certain type de regard. »

— **Elargissement du changement**

Le thérapeute : « Concentrez-vous sur ce type particulier de regard et chaque fois que vous serez en présence de ce regard, vous sentirez ceci. » Et il lui touche son épaule gauche (ancrage de la ressource) et le thérapeute conclut : « Maintenant, elle aura accès à cette nouvelle ressource, à cette nouvelle possibilité de choix dans sa vie de tous les jours et pas seulement dans un groupe ou une institution. »

Extrait de la revue *Psychologies*,
n° 144, février 1982.

▶ STRATÉGIE n° 5

MÉDITATION « 0 » (ZÉRO)

Rappel : le cerveau ne connaît pas de repos, même la nuit. Il est cependant un « cadeau » que nous puissions lui faire, c'est la Méditation « 0 » (zéro activité volontaire, zéro mouvement, zéro pensée).

En retour, on peut recevoir d'autres « cadeaux » pour notre « esprit » : amélioration des processus de mémoire, de concentration, paix intérieure, et aussi ouverture vers notre Etre profond, notre Etre essentiel (essentiel — dans le sens « essence » de notre Etre).

Comment pratiquer la Méditation « 0 » ?

1. Choisir un endroit calme et bien éclairé de lumière naturelle.

2. S'asseoir sur une chaise en plaçant les pieds écartés sur le sol (un écartement parallèle aux épaules), la colonne vertébrale « naturellement » droite, les mains posées sur les cuisses. (Cette position « naturelle » et «culturelle» pour les Occidentaux est à adopter de préférence à la position dite «en lotus» — laquelle est un «forcing» par rapport aux Orientaux, qui la pratiquent depuis leur plus tendre enfance.)

3. Concentrer son regard sur un point fixe. Veiller à créer des conditions d'évitement de distractions. Ni par des activités autour de soi, ni par une activité cérébrale cognitive (ne pas réfléchir à la journée qui vient, ne pas se remémorer des souvenirs).

4. Pour ce faire, concentrer son attention sur son souffle (une fois encore, sans respiration «sportive») pendant vingt minutes.

5. Après cette Méditation «0», faire quelques mouvements (comme 30 balancements des bras).

Il est recommandé de pratiquer cette méditation le matin.

Fiche réalisée avec la supervision de Marcel Delcroix, praticien en médecine initiatique chinoise.

PNL ET DÉVELOPPEMENT PERSONNEL

Bien que cet ouvrage se veuille délibérément centré sur ce que j'ai appelé les «Techniques d'Influence», je pense avoir brossé un tableau suffisamment positif pour alimenter votre curiosité à découvrir plus avant en quoi les outils de PNL non présentés dans cet ouvrage s'inscrivent bel et bien dans le vaste Mouvement du Potentiel Humain, dont la démarche est toute orientée vers l'épanouissement personnel des ressources.

Développement spirituel

A condition d'éviter l'erreur sémantique qui consisterait à amalgamer la spiritualité avec les églises religieuses (dans lesquelles doit se nourrir quelque solide suspicion à l'égard de cette école psychologique), il me paraît évident que l'on peut conclure au même caractère positif que celui évoqué ci-dessus.

Et puis, peut-il exister une conception de l'être humain épanoui qui fasse l'économie d'un développement spirituel (religieux ou athée) ?

Pour ma part, je perçois une connivence évidente entre la « philosophie » de la PNL et les mouvements spirituels portés à valoriser les ressources humaines comme le bouddhisme ou le christianisme des Pères — celui qui se réfère surtout à l'Evangile de Thomas*, lequel attribue à Jésus les paroles suivantes :

> « *Le Royaume : il est à l'intérieur de vous et il est à l'extérieur de vous.* »
>
> « *Quand vous vous connaîtrez vous-même, alors vous serez connus et vous connaîtrez que vous êtes les fils du Père, le Vivant.* »
> (Logion 3)

**Evangile de Thomas*, Spiritualités vivantes n° 61, Albin Michel, 1986.

Critiques, limites et développements de la PNL

En premier lieu, la découverte de la PNL implique un progrès de la conscience, comme toutes les « découvertes » de la Réalité par l'Homme.

Cette évolution peut paraître difficile à certains, tout comme la reconnaissance des « découvertes » faites par S. Freud. « Les marches de la complexité se gravissent lentement », nous dit l'astrophysicien Hubert Reeves.

En deuxième lieu, les formations en PNL — quand bien même elles se veulent scrupuleuses et attentives à la congruence de ceux qui sont formés — ne parviennent pas à garantir un usage réellement limité à des fins valorisantes et bénéfiques aux progrès des hommes.

Ces formateurs ont beau répéter que sa « technique » donne des résultats d'autant meilleurs que la congruence est présente, ils ne peuvent éviter des usages à des fins négativement manipulatrices.

En troisième lieu, il faut citer la considération selon laquelle la PNL peut être regardée comme quelque peu « mécaniste ».

En quatrième lieu, certains esprits formés à l'européenne trouvent regrettable, dans un tel enseignement, la très grande absence de références. Ecoutez certains adeptes : pour eux, B&G ont tout découvert, y compris l'existence de l'inconscient. Enfin, je pose la question — et attends vos réponses : « La PNL n'est-elle pas prométhéenne ? »

Un cas à part : la marche sur le feu

Ce doit être mon âge... qui me fait adhérer au clan de ceux qui n'applaudissent pas tellement aux «prestations de PNL consistant à marcher sur des braises de charbon» (oui, c'est une pratique développée par certains animateurs de PNL).

Leur argument tient cependant bien la route : la marche sur le feu est une «métaphore» concernant les limites que nous imposons nous-mêmes à notre cerveau.

Développements et promesses

Les perspectives de développement sont, théoriquement, infinies. On peut penser à tout ce qui peut être modélisé, pour le plus grand bien de nos congénères (modélisations d'interventions chirurgicales délicates ainsi que de ces quantités énormes de «savoir-faire» réservées à des mains et des esprits que l'on dit toujours «doués»).

A condition que ces derniers acceptent de partager leur savoir-faire. Une expérience intéressante est actuellement dirigée par A. Moenaert — qui se propose de *modéliser* des guérisseurs. Lorsqu'il me l'a annoncé, je lui ai répondu : «Et pourquoi ne pas en faire autant avec les "miraculés" de Lourdes et d'ailleurs ?» «Pourquoi pas ?» fut sa réponse. Il ne m'étonnerait pas qu'un certain nombre de «miraculés» aient, en fait, déployé des stratégies «inouïes»...

Le domaine de la recherche d'efficacité en organisations (entreprises, hôpitaux, ministères, associations publiques et privées) s'intéresse beaucoup à la PNL. La recherche sur la criminalité peut s'enrichir d'un savoir déterminant en étudiant les stratégies des criminels. Les applications dans le domaine du sport sont pleines de promesses.

Affaires à suivre...

PNL pour la vie ?

On n'apprend que difficilement à bien pratiquer une nouvelle langue en trois jours.

Or, d'une certaine manière, on peut dire que la PNL, c'est l'apprentissage de nombreuses langues nouvelles.

Soyez donc « chouchou » avec vous-mêmes. Donnez-vous le temps de découvrir tout ce que ce premier ouvrage vous propose.

Et peut-être nous rencontrerons-nous à nouveau pour de nouvelles découvertes au pays de l'Excellence personnelle, cette fois ?

Bibliographie

R. BANDLER, *Un cerveau pour changer,* InterEditions, 1981.

R. BANDLER, J. GRINDER, *Les secrets de la communication,* Le Jour, 1982.

R. BANDLER, J. GRINDER, *The structure of magic,* Science & Behaviour Book.

A. CAYROL, J. DE SAINT-PAUL, *Derrière la magie,* InterEditions.

A. CAYROL, P. BARRERE, *La Programmation Neuro-Linguistique,* E.S.F.

CHANDEZON, *Utiliser la PNL,* Chottard, 1990.

C. CUDICIO, *Comprendre la PNL* et *Maîtriser la PNL,* Ed. d'Organisation.

G. LABORDE, *Influencer avec intégrité,* InterEditions.

SARY, *Stratégies de la PNL dans l'entreprise.*

E. FINN, *Stratégies de la communication,* Mortagne, 1989.

A. ROBBINS, *Pouvoir Illimité,* Réponses, Robert Laffont.

G. BATESON, *Vers une écologie de l'esprit,* I et II, Seuil.

P. DACO, *Les prodigieuses victoires de la psychologie,* Marabout, MS 15.

R. DE LASSUS, *L'Analyse Transactionnelle,* Marabout, MS 35.

R. DE LASSUS, *Oser être soi-même,* Marabout, MS 2002.

M. SAUCET, *La Sémantique Générale,* Retz.

R. DILTZ, *Roots of NLP,* Meta Publications, 1983, California.

G. EARLY, *Building cooperative relationship.*

(Bibliographie établie avec l'aide de la Librairie VRINDTS)

Adresses utiles

BELGIQUE
Association Belge de PNL
avenue J. Pastuur, 50, 1180 Bruxelles

FRANCE
Institut Français de PNL
304, rue Saint-Honoré, 75001 Paris

Stratégique
11*bis,* boulevard Delessert, 75016 Paris

CANADA
Centre Québécois de PNL
3826 Saint-Hubert, Montréal

SUISSE
Développement des Ressources humaines
CP 23, CH1224 Genève

TABLE DES MATIÈRES

Présentation de l'ouvrage 5
Avertissement 9

PREMIÈRE PARTIE
La PNL, deux ou trois choses que je sais d'elle 11

Introduction
Etre ou ne pas être en relation 13

Les communications qu'on rate 15
On est souvent dans une relation d'influence 21

Chapitre 1
Il existe des super-communicateurs 23

Des modèles précis 25
Une démarche audacieuse 28
Amorce des chapitres 2 et 3 31

Chapitre 2
Ce que font les super-communicateurs 33

Et que font-ils donc, ces Super-C°? 37
Les Super-C° et les règles de politesse 38
Etapes du plan d'intervention des Super-C° 39
Etape 1 : établir un lien puissant 39
La conduite (Leading) 47
Etape 2 : établir un cadre et fixer des objectifs 48
Etape 3 : recherche des sources 51
Etape 4 : l'intervention proprement dite 53
Etape 5 : un pont vers le futur 58
Etape 6 : vérification écologique 59

Chapitre 3
Ce que font encore les Super-C° 61

L'emploi de métaphores 61
L'emploi du modèle «Comme si» 62
La flexibilité 63
L'accent sur les faits plutôt que sur les opinions .. 63
La discrétion 64
Présupposé de poids 64
Tout au long de l'intervention 66
Durée de l'intervention 66

Chapitre 4
Une réorganisation fertile 67

Les sources en psychologie 70
   1. S. Freud 70
   2. Pavlov 70
   3. Miller, Galanter et Pribam 71
   4. Maslow 72
   5. C. Rodgers 75
   6. F. Peris 76
   7. V. Satir 76
   8. M. Erickson 76
   9. L'assertivité 77
  10. E. Berne 77

Chapitre 5
Y a-t-il une araignée au plafond? 79

Les micro-comportements 83
Etre dans un certain Etat 85
Importance de nos systèmes sensoriels 87
  Le système kinesthésique, grand oublié
    jusqu'à présent 87
  Les quadruplés 88
  Nous avons un ou deux systèmes préférentiels . 89
PNL et fonctionnement du cerveau 89
  10 millions de kilomètres de zéros 90
  Notre cerveau est une énorme banque
    de données 92
  Notre tête éclaterait si les choses devaient
    y entrer 93
  Et un super-ordinateur 94
L'ancrage 95
  Ancrages préférentiels 98

Chapitre 6
Ce que nous avons dans la tête 99

Notre CdM est nécessairement limitée 100
Les limites de notre expérience 101
Processus nécessaires et déformateurs 102
Valeurs et croyances 103
Nous pouvons enrichir notre CdM 107
La vraie difficulté des relations humaines :
   la rencontre de l'altérité 108
Un ingrédient primordial de l'édification
   de notre CdM : le langage 108

Chapitre 7
Le mot *rose* n'a pas d'épines 113

Le Méta-Modèle 115
   Les limites dues à la généralisation 115
   Les suppressions 116
   Les malformations sémantiques 116
La définition d'objectifs 119
La synchronisation verbale 120
   La synchronisation vocale 120
   Les prédicats 121

Chapitre 8
Un concept subtil : les stratégies 123

Stratégies de réussite et stratégies d'impasse 124
Connaître les stratégies, pour quoi faire ? 130
Apprendre à modéliser des stratégies de réussite 132
La PNL, promesse prodigieuse pour
   l'enseignement 134
Les Méta-Programmes 135
   Les Méta-Programmes dont disposent nos
      semblables 136
   Intérêt de la prise en considération des
      Méta-Programmes 137

Chapitre 9
Des apports multiples 139

La cybernétique et l'informatique 139
Des modèles précis 141
   Modéliser 142
Niveaux d'analyse (Chunking) 143
La Méthode Coué 144
La Méthode Kepner-Tregoe 145
Les méthodes de créativité 145
Les philosophies 146

Chapitre 10
Définitions et précisions 147

Définition de la PNL 148
L'excellence dans la communication 150
Clés pour l'excellence 152
Commentaires 153
   Savoir ce qu'on veut 153
   Agir, se comporter 153
   Les résultats 153
   La flexibilité 154

Ce que font les praticiens de PNL 155
La formation à la PNL 155

Chapitre 11
Pourquoi ça marche 157

L'homme est toujours un loup pour l'homme 157
L'homme a appris à se défendre 159
S'accorder rompt la menace 160
De l'inédit pour notre cerveau 161

Chapitre 12
Les énergies qui alimentent notre excellence 163

PARTIE II
Plan progressif d'auto-formation aux techniques d'influence de la PNL 167

Mode d'emploi	168
Réflexion n° 1 : Moi et le changement	169
Fiche n° 1 : calibration, exercices préparatoires ..	169
Fiche n° 2 : calibration, exercice avec un ami	170
Réflexion n° 2 : pourquoi se synchroniser ?	172
Fiche n° 3 : synchronisation, entraînement à blanc	173
Fiche n° 4 : synchronisation, entraînement à blanc	174
Fiche n° 5 : synchronisation, entraînement avec un ami	175
Fiche n° 6 : préparation à la synchronisation des prédicats	175
Fiche n° 7 : entraînement récréatif à la synchronisation vocale	177
Fiche n° 8 : mouvements oculaires, premières observations	178
Fiche n° 9 : observation des mouvements oculaires	179
Fiche n° 10 : entraînement à considérer les Méta-Programmes de son interlocuteur	181
Réflexion n° 3 : écouter parler la Carte du Monde	182
Jeu-exercice sur le fonctionnement de notre cerveau	183
Fiche n° 11 : découverte des Cartes du Monde	184
Petit exercice complémentaire : découvrir les autres Cartes du Monde	185
Fiche n° 12 : synchronisation physique et verbale avec un ami	186
Fiche n° 13 : préparation à la traduction des prédicats	187
Fiche n° 14 : découvrir le système sensoriel dominant	189

Fiche n° 15 : synchronisation et conduite, exercice avec des amis	189
Fiche n° 16 : s'accorder, exercices réels	190
Fiche n° 17 : synchronisation, essais réels	191
Fiche n° 18 : bilan de votre capacité à vous accorder aux autres	191
Fiche n° 19 : préparation à une intervention avec des amis	193
Fiche n° 20 : principes généraux d'intervention	194
Qu'est-ce qu'une intervention ?	194
Principes généraux d'intervention	195
Fiche n° 21 : modèle général d'intervention	196
Commentaires	198
1. Etablir un cadre	198
2. Etablir et entretenir un rapport puissant	198
3. Rassembler les informations sur l'Etat Actuel	199
4. Déterminer les objectifs, les résultats à atteindre	199
5. Trouver l'accès aux ressources	200
6. Intervention proprement dite	200
7. Pont vers le futur	201
8. Vérifier l'écologie	201
Fiche n° 22 : définir des objectifs	202
Les conditions d'un objectif bien formulé	202
1. Formulation positive	202
2. Formulation concrète et réaliste	203
3. Formulation spécifique	203
Fiche n° 23 : questions minimales	204
Fiche n° 24 : emploi de métaphores	206
Réflexion n° 4 : combien de gens essaie-t-on d'influencer ?	208
Réflexion n° 5 : une raison supplémentaire de s'accorder au non-verbal	208
Fiche n° 25 : invitation à la flexibilité	209
Réflexion n° 6 : réflexion pour un auto-recadrage	210
Histoires vraies au pays de la PNL	210
Réflexion n° 7 : sommes-nous bien programmés ?	213
Fiche n° 26 : entraînement à l'ancrage (I)	213

Fiche n° 27 : entraînement à l'ancrage (II)	215
Fiche n° 28 : faire des ancrages par soi-même et pour les autres	216
Réflexion n° 8 : méditations utiles	218
Fiche n° 29 : faites une invitation à retrouver un Etat de Ressource	219
Fiche n° 30 : entraînement au recadrage	221
Recadrage des objections	222
Fiche n° 31 : préparation à la confrontation OK des limites d'expression verbale par le Méta-Modèle	222
Fiche n° 32 : préparation aux confrontations de langage	223
1. Le groupe des déformations	224
2. Le groupe des suppressions	224
3. Le groupe Sémantique incorrecte	224
Fiche n° 33 : entraînement à la confrontation des généralisations	225
Fiche n° 34 : confrontation OK des généralisations	226
Fiche n° 35 : entraînement à la confrontation des suppressions	228
Fiche n° 36 : confrontation OK des suppressions	228
Fiche n° 37 : confrontation OK des malformations sémantiques	229
Fiche n° 38 : synoptique du Méta-Modèle	230
Fiche n° 39 : confrontation OK des malformations sémantiques	232
Fiche n° 40 : entraînement au chunking	234
Fiche n° 41 : entraînement à la dissociation simple	236
Fiche n° 42 : entraînement à l'interview des contradictions, des objections	237
Fiche n° 43 : aider une personne déprimée	238
Réflexion n° 9 : méditation sur nos objectifs	240
Réflexion n° 10 : Coué avait raison !	241
Fiche n° 44 : tenter de nouvelles formes de contacts	242

Table des matières / 283

PARTIE III
Boîte à outils divers 245

Qui était Alfred Korzybski?	246
Le modèle du recadrage en six pas	250
Stratégie d'excellence n° 1 : le générateur de nouveau comportement	251
Stratégie n° 2 : les schémas heuristiques	253
Stratégie n° 3 : stratégie du bon réveil	254
Réussir ses réunions	255
Stratégie n° 4 : stratégie cadeau : offrez-vous un « tapis magique »	256
A propos des bruits de couloirs	257
Modéliser quelqu'un de performant	258
Les bons conseils de la vie	260
Une citation particulière	261
Changer sans souffrir	262
Stratégie n° 5 : Méditation « 0 » (zéro)	266
PNL et développement personnel	267
Développement spirituel	267
Critiques, limites et développements de la PNL	269
Un cas à part : la marche sur le feu	270
Développements et promesses	270
PNL pour la vie?	271
Bibliographie	272
Adresses utiles	273

Au catalogue Marabout

Psychologie

Psychologie / Psychanalyse

Comprendre les femmes, Daco P.	MS 0001 [09]
Dictionnaire des rêves, Uyttenhove L	GM 0046 [06]
Interprétation des rêves (L'), Daco P.	MS 0002 [07]
Prodigieuses victoires de la psychologie (Les), Daco P.	MS 0015 [09]
Psychanalyse (La), Azouri Ch. [mars]	FL 0045 [07]
Psychologie et liberté intérieure, Daco P.	MS 0004 [09]
Rêve (Le), Von der Weid J.N.	FL 0044 [07]
Triomphes de la psychanalyse (Les), Daco P.	MS 0029 [09]
Une psychanalyse pour quoi faire?, Moscowitz J.J. & Grancher M.	MS 0008 [06]
Voies étonnantes de la nouvelle psychologie (Les), Daco P.	MS 0003 [09]
Vos secrets intimes, Dr Houri Ch.	MS 0021 [09]

Psychologie et personnalité

ABC de la parole facile, Bower S.A. .... GM 0128 [06]
Analyse transactionnelle (L'), De Lassus R. .... MS 0035 [09]
Art d'engager la conversation et de se faire des amis (L'),
  Gabor D. .... GM 0104 [06]
Communication efficace par la PNL (La),
  De Lassus R. [mai] .... MS 0010 [N]
Connaissez-vous par votre écriture, Uyttenhove L. .... GM 0052 [07]
Développez votre créativité, Bacus A. & Romain Ch. .... MS 0043 [07]
Développez votre intelligence, Azzopardi G. .... MS 0024 [09]
Du bon usage du nouvel âge, Demornex J. .... S 2000 [06]
Etrangers intimes (Des), Rubin L. .... MS 0034 [07]
Expression orale (L'), Colonna d'Istria R. .... FL 0039 [07]
Femmes qu'ils aiment, les femmes qu'ils quittent (Les),
  Dr C. Cowan & Dr M. Kinder .... MS 0033 [07]
Force de l'esprit (La), Groupe Diagram .... MS 2001 [12]
Il (ou elle) boit, que faire? Pacout N. .... MS 0030 [07]
Langage des gestes (Le), Pacout N. .... GM 0124 [07]
Méthode Coué (La), ... MS 0028 [07]
Oser être soi-même, De Lassus R. [fév.] .... MS 2002 [N]
Parler en public, Pacout N. .... GM 0095 [07]
Partez gagnant, Hopkins T. [mars] .... MS 2003 [N]
Qui êtes-vous? Groupe Diagram .... MS 0005 [12]
Qui étiez-vous? Groupe Diagram .... MS 0006 [12]
Relaxation (La), Césari C. .... FL 0055 [07]
Se faire des amis, Wasmer A. [avr.] .... MS 2005 [N]

Tests

Je teste ma logique, Klausnitzer J.E. [mai] .... GM 0143 [N]
Je teste mon intelligence, Klausnitzer J.E. [avr.] .... GM 0142 [N]
Mesurez votre Q.I., Azzopardi G. .... GM 0102 [06]
Réussissez les tests d'intelligence, Azzopardi G. .... MS 0023 [07]
15 tests pour connaître les autres, Gauquelin M. & F. .... GM 0015 [06]
Testez votre quotient intellectuel, Berloquin P. .... MS 0038 [06]
Tests psychologiques (Les), Cesari C. .... FL 0014 [07]
20 tests pour se connaître, Gauquelin M & F. .... GM 0020 [06]

IMPRESSION : BUSSIÈRE S.A., SAINT-AMAND (CHER). — N° 1325
D. L. MAI 1992/0099/134

ISBN 2-501-01681-5

Imprimé en France